マックス・アドラー 著
小山博也 訳・解説

政治的デモクラシーか社会的デモクラシーか

Politische oder soziale Demokratie

Max Adler

同時代社

政治的デモクラシーか社会的デモクラシーか／目次

序文

この小冊子は、オーストリア、ドイツ、チェコスロバキアで開催されたいくつかの労働者集会で私が行った、デモクラシーの問題についての講演から成り立っている。講演に寄せられた高い関心は、たとえばデモクラシーと独裁の関係、民主的共和国の価値、国家と社会の区別などを、もっともっと明らかにする必要があることを示している。講演はどこにおいても賛意をもって迎えられた、いや、賛成と言わずとも少なくても熱烈な関心を呼んだ。講演で試みられた概念の解明や区別は、これまで広範囲にわたってみられた政治的概念の混乱を解明した。いうならば、プロレタリアートの革命的階級意識の中に生きているものを、明確に表現することにより、それが現実に適合していることを確かなものとして提示したのである。その場合、ボルシェヴィズムの宣伝によって、あたかも彼らの独占物のように思われてきた結果、社会民主党労働者に疑念をもたらしている多くの概念について、それらはじつはマルクス主義的社会主義の本来の構成要因に属しており、ボルシェヴィズムの政治的実践の中で、誤って適応されているということが明らかになったのである。その結果、いわゆる共産党に対する関係は、より明確で、かつ、よりよい関係に導くことになるであろう。

社会民主党の一定の理論および概念は「共産主義的」宣伝の対象であるという、ただそれだけの理由で拒否されるべきであるという状態は克服されなければならない。この盲目的な対立関係に代わって、ボルシェヴィキ理論の大部分においては、我々も肯定できるマルクス主義の基本的真理が支配的であるということ、同時にその経済的社会的条件とプロレタリアートの関係をいっそう明らかにする努力の必要性が強調されなければならない。このようにして今日、労働運動を二つの大きな方向、すなわち社会デモクラシーとボルシェヴィズムに分裂させている無理解、否、憎悪という隔たりが解消されるべきであり、これを橋渡しをする一つの始まりが可能になるであろう。しかもこの橋渡しは、社会主義の再強化及びインターナショナルの再生のために無条件に必要なことである。二つのことは、一面的に、この方向から、あるいは他の方向から実現されうるというものではないであろう。一方においてますます革命的階級精神が発展し、他方において幻想的セクト精神が弱まることによって、プロレタリアートのインターナショナルの唯一の基礎でありうる、あの統一的革命意識が作られることになろう。

以下に述べる研究対象は、私の『マルクス主義の国家観』（ウィーン、人民図書出版、一九二二年）ですでに取り扱われたものである。しかしここではより容易に理解できる形にした。その限りで、ここでは以前に発展させた概念規定の繰り返しがある。私は、これらの仕事をより深く基礎づけるために、しばしばその書物を参照にしているにもかかわらず、以下においては、そこで得られた結果を繰り返したり、分かりやすくしたりすることだけではなく、特殊な問題、すなわち、デモクラシーの問題に適用する事によって、一層発展させる事になる。この書物では、単なる政治的デモクラシー及びブルジョワ共和国に対して、多くの厳しい批判がなされている。しかしながら、論議の全内容から、そのことによって政治的デモクラシーはプロレタリアートにとって無価値であるとか、あるいはまた副次的なものにすぎないと考えるべきものではないということが明白になる。

しかしこのような誤解や悪意の歪曲をはじめから不可能にするために、この政治的デモクラシーに対する批判とともに、社会的デモクラシーというより高い概念に対する差違及び批判だけは明らかにされるべきであるということを、ここでもう一度指摘しておくことが、今日、合目的的であると思われる。政治的デモクラシーと共和制的国家形態の獲得のため、頑固で大胆で犠牲的な闘いを行ってきた。かれらは、ますます完成していく政治的デモクラシーの中で「社会的」デモクラシーをめぐる闘いのための、よりよい可能性を作り出すということを、ますます自覚し、それだけ一層よく知っているのである。しかも今日、事態はそのようになっており、ブルジョア・デモクラシーは、社会デモクラシーの場合よりも、よりよく統一されているわけではない。民主的共和国は、今日いたるところにおいて、それをとりまく反動的試みによって、脅かされている。しかも反動者の暗鬱な計画は「自由なブルジョア」の穏やかな同情によってではなく、共和制国家形態を自らの血をもって防衛しようとするプロレタリアの決断によって打ち砕かれているのである。

しかしながらデモクラシーは今日強烈に脅かされている故に、ファシズムがいたるところで種々の形態で、あるいは支配し、あるいは支配を追求しているので、また、プロレタリアがすべての力をもって共和国のために立ち上がらざるを得ないということが起こりそうもないので、デモクラシーに対してなされるすべての批判は有害であるかのように見えざるを得ないのである。その単なる政治的な形態の限界と不完全さを指摘する事は、あたかもその防衛のエネルギーを弱めざるを得ないかのように思われている。

人は何を要求してもいいが、何人も、プロレタリアはかれらにとって不審で、かつ無価値なもののために、自らの血を犠牲にするかと、問うことができるであろう。政治的デモクラシーと民主的共和国は矛盾した国家形態にすぎなく、社会主義的理想とは程遠いものであると説明された時、プロレタリアがデモクラシーのために死にものぐるいの闘いに奮い立たせられると、実際に信じられるであろうか。こうした抗議は極めて魅力的であるが、しかし、よく考えれば非常に誤りであることが分かる。プロレタリアは、歴史の中で、すでにデモクラシーを勝ち取るため、あるいは防衛のため繰り返しその血を流してきた。しかし何のために血を流したのであろうと、何のために熱狂したにしても、これらすべての場合においても、それは「形式的デモクラシーではなくて、一つの新しい、自由な真正な社会的秩序の理念」であり、その象徴として唯一デモクラシーという言葉が当てはまるものであった。デモクラシーのもとで、より幸福な生活を可能にすることを目的に法的平等という単なる形式的理念ではなくて、国民の支配、怠け者に対する働くものの、もつものに対するもたざるものの、支配の理念が理解されているのである。もしそうでなければ、人々が一票を投ずることになるということ、国家が一人の君主によるのではなく所有する階級の委員会によって支配されるということ、そのことに大いに感激することがどうしてありうるのか理解できないことになる。国民が「考える」デモクラシーは、階級国家の中で究極において実現されるものと全く異なったものなので、国民すなわち働く階層の大衆は、デモクラシーのために熱狂し、自らを犠牲にするのである。したがって、われわれがこの書物においてデモクラシーの本来の理念として描くものは、基本において社会的デモクラシーが「連帯的社会の理念」であり、それは、普通選挙権の要求、「国民国家」としての共和国の要求を政治的理想主義の炎をもって赤く彩ったものである。それはすでに普通選挙権を求めた最初の労働運動、すなわちチャーチズムの中にみられたことであり、それはそのことによって最初の社会主義的大衆運動となった。さらにまたそれはラッサールの宣伝運動の中にも繰り返された。その場合、普通選挙の理念は同時に「労働者の理念」によって国家を改造する要求を意味した。形式的デモクラシーを「勝ち取る」ために大衆を動かしたものは、この社会的理想主義であったように、それは達成された民主的自由の「防衛」の中にも生き続けなければならない。しかしそこからのみ、この防衛することが求める道徳的エネルギーが生まれるのである。この道徳的エネルギーは民主的共和国もまたなお階級国家であるということを示す批判を通して弱められるのではなくて、強められるのである。なんとなればその中に民主的形態を階級国家的性格を克服するために利用するというプロレタリアのための強力な衝撃力があるからである。

しかもプロレタリアは、このデモクラシーとこの共和国を、たとえそれが社会的デモクラシー、社会共和国でないにしても、熱烈に防衛すればするほど、かれらはその中に自己目的ではなくて、かれら自身の革命的目標を実現するための強力な手段を見出すのである、それに反して、民主的共和国をそれ自体独立した価値あるものとみなし、単なる過程としてみなさない考え方は、プロレタリアの搾取と貧困のすべての形態が、その中に生き続け、その法的秩序の中に保持されていることが分かるや否や、プロレタリアの防衛とエネルギーのすべてを弱めることにならざるを得ないのである。

最後に、何が故に、本質的な政治的問題に関する書物が、シリーズの中で公刊される必要があるかということについて弁明の一言が求められているとすれば、私は書物の内容そのものを指摘しなければならない。究極においてそこから、政治的デモクラシーと社会的デモクラシーの区別そのものが、この新しい意味内容の一環であり、それは同時に大衆の「社会主義的自己教育」を前提とするということが明らかになることが望まれるのである。今日ますます強く、社会主義的解放闘争の中心に登場してきた「新しい人間」への要求は、単に青年にとっての教育学的問題であるばかりでなく、同時に「成長していくものにとっての教育課題」を意味している。デモクラシーの理念が提示する課題の解決は新しい世界を指し示している。それ故にそれは今日すでにその思想と感情の中で準備しているデモクラシーのために闘う人々によってのみもたらされるものである。

一九二六年二月　ウィーンにおいて

1……問題としてのデモクラシー

デモクラシーは多くの問題をかかえている。普通選挙法は十分な政治的表現形態であるのかどうか。むしろ国民による直接的立法こそがデモクラシー本来の意味に沿うのではないか。議会制はその中でどのような役割を演ずるのか。それは地方自治体の自治やさまざまな種類の経済的連合組織を作ることによって完成されるのではないか。中央集権主義あるいは連邦主義は、それに適合した国家の組織形態をどのように作るのか。権力分立という古い教義は現実に民主的なものなのかどうか。むしろデモクラシーは、同時に立法者・裁判官・執行者のすべてのものでなければならないのではないか。こういった多くの問題である。

これらすべてはきわめて重要であって今日激しく争われている問題である。その解決は今日のデモクラシー組織にかかわるばかりでなく、将来の構成にもかかわるものである。それ故に、それらは政治並びに国法理論の中心に位置していることがわかる。しかもこれらすべては「まさに」デモクラシーの問題であり、これらの「中にあって」初めて生まれる問題であり、それは疑うことのできない価値として前提にしているのである。

まず最初にそれらについて語るのでなく、「デモクラシーの問題そのもの」について語られるべきである。何故ならばこれらは、一般的に民主的なものとして与えられているわれわれの時代の注目すべきことだからである。デモクラシーそのものが最高度に疑問になっているのである。デモクラシーは個々の思想家にとっても問題になっている――それはいつもそうであった――ばかりでなく、大きく政治的に成熟した大衆にとっても問題になっている。彼らは今日懐疑的なばかりでなく、不信感をもってデモクラシーに対峙しはじめている。デモクラシーに対する古い先入感は今やなくなった。第一に、デモクラシーは、政治的であると同時に社会的な理想であること、それは国家の幸福と諸国民の自由を意味する事実は自明であったからである。デモクラシーと進歩は「一つ」のことであった。フランス革命およびドイツの自由のための闘争という偉大な伝統は、歴史的栄光を以てデモクラシーをとり包んでいたので、民主主義者であること、この名誉ある感覚をさらに発展させるという気持ちはすべての人の心を暖めるものであった。なかんずくプロレタリア大衆は社会民主党の中で、自らをその本来の担い手であると考えている。いや、力を蓄えているブルジョア階級のいい加減さや不誠実に対決するデモクラシーの、唯一の真正な友人であると考えている。

ところが今日、デモクラシーに対するこうした姿勢は、まさにプロレタリアートの中で全く違ったものになっている。ボルシェヴィキ理論の影響下にあるプロレタリアの大部分においては、デモクラシーはまさに危険な幻想とみなされるまでにいたっている。デモクラシーは、プロレタリアの解放には完全に役立たない方法を提供するもので、これによって導かれる大衆は、自由追求の願いが誤った迷路に入ってしまう。これは大きな欺瞞ではないか、というのである。また社会民主党の内部においても、自らのデモクラシーは、ブルジョアデモクラシーとは鋭く区別されるものだという理論的努力が行われている。しかし、こうした努力自体が古い伝統的な「デモクラシー」に素朴に賛成してきた党の姿勢がすでに消滅していることを示している。

この変化はどこから来たのであろうか。それは、なによりも先ず戦争、ついで革命の時代が、とくに働く国民大衆にもたらした大変な失望と精神的な衝撃に関係している。戦争の勃発と戦争の期間中、あまりにも多数の労働者を戦争気分に酔わせたあの不吉な興奮が過ぎ去るや否や、衝撃的事実が明らかとなった。つまり現実の戦争は、デモクラシーが決して現実内容をもつことがなかった強国によって始められ、その帝国主義的突撃として姿を現しただけでなく、偉大な歴史的民主国家によっても担われたという恐るべき事実である。

ハプスブルグ家、ホーエンツォルレルン家、ロマノフ家等の軍事的専政者だけでなく、フランス、イギリス、アメリカ等の名誉ある民主国家もまた、その国民を戦場に駆り立てたということである。駆り立てられた大衆は、何のため死なねばならぬのか、「祖国の利益」とは本当に祖国のすべての子弟にとって現実に利益であるかどうかについて、問われることも、そのことについてはっきりとした表象すらもつことがなかった。戦争は、現象的には国民支配が確立しているところにおいても、不可避的であったばかりでなく、むしろ精神を高揚させられたのである。そのとき、専制的支配体制のにくむべき強制によった場合と同じように、戦争は国民的関心事、国民の生命関心事として現れたのである。この事実は、デモクラシーを一つの理想としてシンパシーを寄せていた人々の心情を、もっとも心のいたむ懐疑心をもってみたすにいたったのである。

この大きな幻想に加えて、革命後には、第二の事情が現れた。中央ヨーロッパは、歴史を画するもっとも強力な政治的変革を経験した。ホーエンツォルレルン家・ハプスブルグ家王朝とともに王政は転覆した。それは、ほんの少し前まで、意気揚々とした巨大な軍事的権力拡大の頂点にあって、ゆるぎないものとして存在していたのである。もしそうでなければ大きな政治的改革がありうると期待されたかもしれないが、プロシアの軍事専制は、突然民主的共和国になり、オーストリア＝ハンガリーの強力な国際刑務所は最早存在せず、それに代わってまた一連の共和国と自由になった国民国家が現れた。それはデモクラシーの類例のない勝利であり、とくにドイツ領においてそうであった。しかし、このような巨大な政治的大衆運動および大衆諸勢力の展開にもかかわらず、「国民の社会的苦痛は減少しなかった」。労働者階級の苦役と搾取、富めるものと貧しきものの激しい対立、日々の経済的困窮、これらの点について、働く国民の圧倒的な大衆にとっては、デモクラシーへの夢物語的な劇的転換は、何ものも変えることはなかったのである。

工場や事務所、仕事場や事務室での労働からは、人々は生活の必要物をも獲得できなかった。だが、まさにそれとは対照的に、貨幣価値の巨大な下落、価格の乱高下の中から、資本家的投機が巧みに行われた。古い財貨をもとに新しい財貨が蓄積され、それと並んで信じがたいほどの新しい財産を発生せしめるにいたったのである。酷薄な資本家たちの細心さは見事であった。これらすべてのことが、獲得したばかりのデモクラシーをして、多くの人には、何ら新しい内容を示さなかったのである。

何故ならば、激変の下では、資本主義体制の全く古い本質が、壊れずに維持されたからである。

それに反し、ロシアのプロレタリア革命によってつくりあげられたと思われる事態が、とくにプロリタリアに対し、きわめて誘惑的な潤色をもって描かれることになった。しかもロシアのお伽噺を訂正する批判的な情報は何らあたえられなかった。そこでは、政治的権力の暴力的奪取によって、プロレタリアは、それはロシア国民の僅かな少数者がそれを示すにすぎなかったが、社会主義社会建設の意味において、国家の完全な再建にとりかかったと、人々は聞いたし、人々は好んでそのように信じた。

資本主義は否定され、それと同時に搾取も、気の毒な日々の貧困もなくなった。しかもこれはヨーロッパにおいては極めて無力であると思われたデモクラシーによってではなく、プロレタリアの暴力支配によって行なわれた。マルクス・エンゲルスの理論からすれば、プロレタリアにとって、革命的階級闘争およびプロレタリア独裁の概念はそれまで熟知してはいないが周知の表象であった。いまやかれは、ロシアにおけるとてつもない過程によって、その偉大な歴史的保障をえたように思われた。人々は、ここに、デモクラしーとは全く異なった手段の勝利をみた。このようにして労働者階級の中に「デモクラシーでなく独裁を！」「議会主義を葬れ」「すべての権力を労働者ソビエトへ」という新しい合言葉が発生した。それは大衆をいたるところで魅了する感動的なスローガンであった。ここでは今や古い道と新しい道とが、現実に、しかも有望な形で区別されたように思われた。古い内容に代って単なる新しい形式でデモクラシーの価値を切り下げることから、ロシアにおけるプロレタリア独裁の現象的には完全だと思われる成果から、プロレタリアの中に、デモクラシーに対する深い懐疑が発生した。それは、ロシアにおけるボルシェヴィキ革命の条件と経過とをよりよく知ることによって訂正された後でもなお取り去られることはなかった。何故ならば、ロシアの現実が、社会主義の理念、さらに間違いなくボルシェヴィキ本来の理念に適合しなかったにもかかわらず、ボルシェヴィキの理論と実践は、デモクラシーの問題を政治のみならず就中マルクス主義理論の関心の中心にすえなかったことに何ら疑いをもたなかったからである。国家と革命の書をもって精神運動を引き起こしたのは、レーニンの偉大な歴史的作用に帰するものである。それはロシアにおける大衆の強烈な運動と平行して進行し、その歴史的作用は今もなお存在しているのである。

2……デモクラシーへの批判

デモクラシーに対する懐疑は、ボルシェヴィキとともに始まったと考えるのは誤りであろう。それはむしろ原始的なものであり、デモクラシーそのものと同様に古いものである。すでに、最初の偉大なヨーロッパの最盛期、古いギリシアのデモクラシーの時期に、懐疑と批判が生まれている。そこで行われた論議はなお今日、力と普遍性を失っていない。ソクラテスやプラトーがデモクラシーに対して、とくに選挙もしくは抽選によって、すべての政治家をきめるという原則に対して提起した批判的考え方は広く知られている。

なるほど人は、たとえば役に立つ武器をつくるために武器製造所に行く、しかし海洋を安全に航行するためには、船を操縦する人間を多数決決議によって選ぶのでなく、有能な操縦士を雇うではないか。そういう批難をもって、くりかえしデモクラシーは冷笑されてきた。それに反して人びとは、国事をまかなうためには、すべての人が、他のあらゆる人間と同様に熟練していることを前提にすべきである、とした。何故ならばそうでないと人びとは運命を決定できないからである、と。

詭弁哲学者のプロタゴラスは、のちにもふれるが、デモクラシーのこの問題を根本的に解決しようと試みた。かれは、その問題を神話の形で表現した。それによると、人間は本来独立した個人を単位として、法も倫理もなく生活していた。互いに角突きあい、互いに闘争しあったので、神はかれらに同情し、かれらにヘルメス（福の神）を通じて二つの天の恩恵を与えることにした。すなわちエイドス＝正義感情とダイム＝名誉感情とを与えた。しかもヘルメスは、この財産を「あらゆる」人間に平等に与えた。それ故に、民主的選挙によって、そればかりか抽籤によってさえ、国家運営のためにどのような人でも招集することが可能になった。何故ならば神は市民的名誉と正義のための感覚をすべての人の胸にうえつけた。このことによって神はすべての人に平等に、普遍的な業務を運営管理し活動するに足る能力を与えたからである。

近代になってもまた、国家・社会の問題関心が向けられるや否や、すぐにデモクラシーの抱える問題が人々の関心となった。何故に多数者が決めたことに少数者を従わせ、義務づけるのか。この問題は一七世紀以来自然法の核心的問題であった。しかし、現実においては究極的に少数派をおさえつける決定はありえない。そこで、これは見せかけの問題、擬制である、として基本的には解決されている。

ゴルディア王の結び目をほぐすことを考えたこの注目すべき解決は、自然法理論の中でいよいよ大きな意味をもち、結局、その中心を構成する事になった。こうして、すべての国家秩序一般を論ずることが初めて可能になり、しかも社会的生活が法的生活として初めて基礎づけられることになった。この基本契約は、その本質からいって全員一致でのみ可決されたものである。基本契約は、それ自身は別として、その枠組の内部で必要となった施行規則は、すべての投票権のある人の多数決によって変更されるという全員一致の処分権を含んでいる。この方法によって、投票で敗れたものが拘束されるということは明らかであり、かれらが法的秩序を欲した「すでに初めから」かれらが時には投票で敗れるということを「欲していたし、また容認していた」のである。

基本的にみれば、この自然法の理論は、真のデモクラシーを全員一致と同じものとみなし、多数決を解明されるべき一つの矛盾であると説明している。しかもわれわれは、さらに、この点に、全く正しい思想が含まれているのをみるであろう。自然法的考え方は、社会の、それと同時にまた、デモクラシーの経済的分化を視野に入れていないし、入れることもできなかったので、まさにそれ故にのみ多数決の技術的解釈と正当化においやられたのである。しかし事実多数決原理は、人びとがしばしば考えるように、デモクラシーの本質に属するものではなく、むしろそれにはきわだって矛盾するものであることが、いつもくり返し説かれるのである。何故ならば、人びとが自然法の大胆な基本的前提として、社会的基本契約はすでに始めから多数決を許しているという風に考えたにしても、そのことによって、人びとは法的秩序を計画的、合理的、道徳的に構成する事を断念し、このことをむしろ偶然にまかせるということではないからである。ソクラテスの古い懐疑的質問がここで思い起こされる。多数が現実にまたより理性的なもの、よりよいもの、否専門知識をもったものだけを包含するといういかなる保障が成り立つのであろうか。そして国民の権利の熱烈擁護者の一人、フリードリッヒ・シラーが、デモクラシーというかれの時代の、強烈な革命体験からの沈痛な経験から、この告別の辞をのべたのではなかったか。

多数。

誰が多数なのか？　多数は無意味である。

理性はつねに少数者にのみある。

人は投票を考え直すべきである、計算すべきではない。

国家は堕落するに違いない、早かれ遅かれ多数が勝利し、無分別が決定するとき、まさに多数決原理の矛盾は、実践的行為の場合にときおり表面に現れてきた。十九は十に対して正当であるだろうということは、多くの人には自明のことである。しかし、このことは五十一対四十九の場合に妥当するであろうか。しかも投票が同数なので抽籤で決定した場合、すべての投票が一種の宝くじであったということが明らかになったのであろうか？　このようにして、多数決に参加した人びとは、多数がいつ「正当な」多数であり始めるのか実際に語ることができないという、いやな感じの事態が生まれる。

すでに十八世紀において、ブルジョア的立場のデモクラシーに対する批判が現れている。その中に、空想主義者たちが、いかに、何故に、デモクラシーの熱烈な反対者であったかをみるであろう。プルードンとともに、バクーニン以来アナーキズムといわれた社会主義の潮流が誕生した。それはきわめて鋭い批判を政治的デモクラシーに加え、それが掲げる自由なるものを、プロレタリアの観点からはきわめて幻想である、と熱心に指摘した。

最近、フランスやイタリアのサンジカリストは、かれらにとって政治的・経済的解放に役に立つと考える直接的大衆運動を優先させ、その結果、デモクラシーの目標や要求を、はるか後景に追いやっている。

マルクス・エンゲルスについていえば、彼らはしばしばデモククラシーの価値についてのきわめて批判的・懐疑的解釈をしている。マルクスはデモクラシーのありきたりな理念の背後にある小ブルジョア的精神をくり返し暴露している。「ゴータ綱領批判」の中で、マルクスは「民主的共和国の中に千年王国をみて、ブルジョア社会の最後の国家形態の中で階級闘争を断固として戦いぬくべきであるということには何ら思い及ばない俗流デモクラシー」と嘲笑している。「議会主義的クレチン病」について、すなわち、階級闘争を単に議会内の政党の闘争を通して、抜け目ないクラブ政治および投票を通して勝利させようと考えるプロレタリア階級闘争について語ったかれの辛辣な言葉は周知のところである。

さらにエンゲルスは、イギリスの社会的、経済的、政治的生活の現実について、若い日の印象として語っている。のちのちまでマルクス主義の主題でありつづけたテーマである。

「単なるデモクラシーは社会的害悪を救済する力をもっていない。民主的平等は妄想である。貧しき者の富める者に対する平等は、デモクラシーの、あるいは政治一般の土俵の上で解決されうるものではない。したがってこの段階は一つの過渡期、なお追及されるべき最後の純粋に政治的な手段にすぎない、そこから直ちに新しい要素、政治的本質を超えた原理が発展させられなければならない。この原理は社会主義の原理である」

こうした指摘にもかかわらず、マルクスとエンゲルスは、プロレタリアに対し、くりかえし、国家内にデモクラシーを勝ちとらねばならないと教えている。すでに「共産党宣言」の中で、「労働者革命の第一歩はデモクラシーの獲得である」と書かれている。しかもエンゲルスは、デモクラシーをプロレタリア独裁が行使される形態であると規定している。現代社会主義の主な代表者のこのような種々様々な主張を対比すると、デモクラシーの問題が、きわだった自己矛盾に陥っていることが分かる。しかもとくに社会主義運動の理論的基礎を与えようと主張するマルクス主義は、この点において何ら例外をなすものではなく、デモクラシーをブルジョア・イデロギーと宣言する理論と、この「イデオロギー」を大いに利用する政治的実践との間に大きな裂け目を示しているようにみえる。この矛盾を暴露することはマルクス主義に対するブルジョア的批判のほとんど確かな財産となっている。われわれは、マルクス主義の理論と実践の分裂が、どのような形で現存しているのか検討しようと思う。

3……デモクラシーという言葉の二義性

いろいろな時代や種々の歴史的状況の中で常に新しく提起される、デモクラシーに対する異論のすべては、一般的にいって、社会的問題にその根拠がある。すなわち、専ら歴史的社会的生活における階級的分裂の結果なのである。「デモクラシーという言葉の二義性」はその点にこそ根拠があるのである。

かつてデモクラシーの概念は、その革命的生成の過程において明確な内容を示していた。つまりそれは、「一人もしくは数人の特権的身分の支配に対する国民の支配」という明確な概念をもっていた。ところが、そのデモクラシーが勝利したとたん、その後、いたるところで二義的な概念になっていった。その結果、その内容についてはっきりとした意識がないまま、この言葉の無批判な使い方が広がり、解決できない困難に不可避的に逢着せざるをえなくなった。

その際言葉の意味は、他の言葉の意義と矛盾することになった。したがって、われわれは「デモクラシー」に関する論議を、「デモクラシー」と名前がつけられてはいるが、全く異なった二つの意味をもっていることに留意することから始めなければならない。一方において、デモクラシーという言葉はある歴史的内容、すなわちなんらかの時、なんらかの所で獲得され、導入され、政治的発展において事実上の進歩をつくり出した憲法という形に結実していることを意味している。この意味においてデモクラシーは歴史的事実である。しかしデモクラシーのもう一つの意味は、未来において獲得されるべきものとして意味づけられている。それは歴史的内容のものでなく、綱領的内容のものである。それは「現にある」デモクラシーではなくて「あるべき」デモクラシーとして考えられるのである。

この区別は、純粋に論理的に区分された抽象的なものではなくて、直ちに意味をもった社会学的内容を与えられ、それによって現実の政治生活に生かされるのである。

第一のデモクラシーの意味内容は、つまり、われわれが現にみているもの、すなわち「ブルジョア的」意味、ブルジョアデモクラシー、換言すればブルジョアの政治的経済的発展の中で実現したデモクラシーの概念である。第二の意味は、「プロレタリア的」意味を生むもの、この階級の政治的経済的勝利によって始めて実現しうるもの、つまりプロレタリアデモクラシーである。第一の概念は完全に「ブルジョアイデオロギー」で実現しており、ブルジョアの政治的理想主義を現したものである。第二の概念は必然的に「社会主義イデオロギー」に示されるもので、それがなければ考え及ばないものである。それ故に第一の概念は必然的に「保守的」性格のものであり、第二のものは全く「革命的」性格をもつものである。第一の概念によって

「国民」が支配するものという国家は「階級国家」であるが、第二の概念によるものは「階級なき社会」である。したがって今日デモクラシーという同じ名前の下に種々の内容が通用しているので、この概念が矛盾に富んだものにならざるをえないのは何ら不思議ではない。それ故デモクラシーについて論ぜられるや否や、人びとは、いつも普通は事実上のデモクラシーについて語ると同様に、デモクラシーの理念を考えるということを思えば、一層分かることである。かくしていまやわれわれは極めて明確な視点をうることになる。矛盾に満ちた存在としての例を考えるときのデモクラシー、すなわちデモクラシー一般について語るとき、普通に考えられるデモクラシーは、ブルジョアデモクラシーであり、階級国家内デモクラシーである。いいかえると本来のデモクラシーではないし、またありえないデモクラシーである。何故なら階級国家内では決して国民が支配することはなく、一階級あるいはいくつかの階級が支配しているからである。

4……ブルジョア的理想としてのデモクラシー

デモクラシーという言葉が覆っている二重の意義を、その意味において正しく洞察するためには、ブルジョア的立場にもプロレタリア的立場にも立脚することなく、誰にとっても明白な一つの事実を確認しなければならない。すなわち、デモクラシーが法の前の平等、「人間の顔を担う」すべての人の平等な権利以外のいかなる内容ももたないならば、本質的にブルジョア的理想であり、ブルジョア的にすぎないデモクラシーであるということである。法の平等の原理はなおブルジョア的原理である。そのことによって何が語られているのか明らかにしよう。

ブルジョアの生活を輝かせ、その予言者たちが理想をもって恍惚とさせたブルジョアデモクラシーの原理は、すべての人間は生まれながらに自由で平等であり、それ故法の前に平等であらねばならないという思想であった。この思想は今日われわれには自明のことのように思われる。確かにわれわれは歴史的認識から、かつて身分的差別の世界があったこと、そこで法の平等は存在しなかったことを知っている。しかし法の前の平等の理念が、自明なものでないばかりでなく、幾世代にもわたって「法的不平等」が自然の秩序のように思われていた精神的時代に立ちもどることは、今日のわれわれにとって殆ど不可能である。「経済的」な不平等というわれわれの今日の時代精神は、遠い将来の歴史研究者にとって、おそらくは全く理解しえないものであろう。しかし来るべき世代の人々は、すべての生活している人の生活必需品は、呼吸するための空気がすべての人にとって自由に手に入るのと同じように、始めから保障されているのは自明なことと考えるであろう。しかもかれらは、人々の大部分は簡単に生きることはできず、「稼いで暮しをたて」ねばならないといわれていることを直ちには理解できないであろう。われわれはすべてのことを常に余りにも図式的に考えており、余りにも僅かな表象と生活感情を、われわれの、普段は立派に処理された概念と結びつけ、しかもそうすることによって、われわれはしばしばきわめて日常的な表象や認識の場合、まさにこれらの場合にはまれながらおこる根本的変化を意識させることはない。この変化は、表象や感情の中で、存在の全領域において、表象と認識を表示するものである。

われわれが、今日月並みになっている「法の前の平等の理念」について語るときでもそうである。それ自身今日なお実現していないと同様に、それに対する弁解の言葉だけを空費することもまた無駄なことに思われる。それ故に、すべての人間は生まれながらにして平等であるという思想は、はるか昔の経験が何回も否定しているので、一般に把握されている限り、誤りとして通用せざるを得ない時代にもう一度精神的に立ち返ることは、二重の意味で必要である。

その思想は殆んど理解されていなかったので、それはフランス革命のバリケードによって初めて闘いとられねばならず、その思想が絶対的にたたきこまれていなかった多くの頭脳は、それに生活領域を与えるため、簡単に排除されねばならなかったのである。

社会はそれまで身分制度の上に作られていた。しかもそれはまさに相対立する思想、すなわち、人間は生まれながらに平等ではない、何となれば、人間は始めから一つの身分をもって、世に出てきた、その身分が生涯、その権利と義務を与えるものだからであるというのである。身分制社会の本質は、その中で成立している、国家内での人間の通用価値の違いは「法的違い」にあったという点になりたっている。しかもこの法的違いは出生に結びついていた。その場合、その理念からいって、すくなくとも、常に事実であったわけではないが、法的違いが適用されてない僧侶身分は別であった。すでにゆりかごの中で、権利——実践的により重要な——義務の尺度が子供に与えられていた。それは全生涯において達成できるし、もしくは実現しなければならなかった。農民あるいは市民の子供たちは、出生によって前以て与えられた法的立場を変えることはできなかった。ただ例外的に、しばしば僧侶という経歴の方法で、農民もしくはブルジョアの子供は出生によって前以て与えられた法的地位を変えることは出来た。支配者の揺りかごの中にある子供が、他の別な権利をもつこと、いわば他のよりよい種類の人間であるという権利をもつこと、聖職授与を通じて、大きな人間のごみためから分離された人間のみがそれに同等であるということ、これらの事実は、より低い身分においてもなお、生々しい法の核心であり、それはまた、今日なお多くの貧しい人にとっては、「それはいつもそうであった」という理由で、富める者と貧しい者がいるということが自明のことであると同時に、かれらにとってはうたがいえない自明のことであった。

身分制社会のこのような考え方と基本的な気分は、第三身分すなわちブルジョア階級の経済的・精神的発展を通してますます緩められたということは知られている。すでにその政治的革命以前にこのことはかれらの思想の中に完成していた。合理的哲学と自然科学が、一七世紀以来の壮大な発展過程の中で、思想の単独支配というますます急進的になった要求の中で、一の原理、すなわちいかなる天国の権力も、それ故に地上の権力も容認することのできない一の原理を通用させることに協同した。この原理は、それ以上に、それを管理する精神を十分にもっているすべての人によって応用されえたので、それは、すべての身分的特技をもっとも大胆に打倒するものであることを証明した。思想の中では、近従者は、彼の華やかな主人より勝ることはできる。しかもすべての身分、すなわちものを作る労働者の身分を考え始めたときに、始めて、身分特権の制度は、その真の内容、すなわち暴力の内容を赤裸々に現すため、権力の観念的覆いを失わねばならなかった。

最後に思想は行為になった。市民階級は結局、かの暴力を、かれらの暴力に対置させ、身分的差異を除去し、一つの新しい法的秩序をきずいた。そこで今やすべての人間がおごそかに平等であると宣言されることになった。「自由・平等・博愛」、それは新しい三種類の人間の運命を決める星であった。その光輝く発展は、フランスの国境を越えて、全世界を、驚きと興奮をもって満たしたばかりでなく、それは実際に長い間待ち望んだ人間の道徳の王国、それは同時にデモクラシーの王国の出現を意味すると思われた。「すべての人に平等な権利！」「法の前にすべての市民は平等である！」「すべての人間は自由に生まれついており、おなじく高貴な存在である」。それは社会の新しい法的・組織的思想になった。それはデモクラシーの勝利であり、その基礎の上に、人々は、人間の間にある古くからの社会的不平等と不当性を克服したと考えるにいたった。

5……身分の違いと階級対立

しかしながら、デモクラシー理念が輝しい勝利をおさめたこの時代は、まさに同時に、近代批判が深く進行した時代でもあった。しかも、デモクラシーに対する批判は、最初の革命的社会批判の装いをもって現われ、それはブルジョア的社会観に対して、新しい社会主義的社会観への手がかりを裏付けた。この事実は決して偶然ではない。それは、われわれが「共産党宣言」以来、偉大な空想的社会主義者、現代社会主義の先駆者とみなしている三人の偉大な社会批判者の著作である。それはサン・シモン、チャールズ・フーリエおよびロバート・オーエンの思想であり、それは発展し始めた資本主義的経済秩序に対するきびしい批判をしつつ、その政治的側面すなわちデモクラシーに対しても、鋭い検証を加えるに至ったのである。またデモクラシーおよび単なる政治的形式一般の課題評価に対する論証を求める人びとはすべて、上記の思想家の著作の中に、なかんずくフーリエの場合に、明確な武器を見出すことができるということは、あまり知られていない。

まさにフランス革命におけるそれらの原理の勝利後に、デモクラシーに対する烈しい懐疑が登場したのは偶然ではなく、むしろまさにこの勝利と因果関係にあるのである。フランス革命の勝利の後に、デモクラシーに対して大いに感服してきた人びとの心を、今度は逆に、途方もない幻滅が深く満たすことになった。何故ならば、今や、人権の勝利は決して自由・平等・博愛の勝利ではなく、新しい人間性という夢想された王国によって何物もみたされることがなかったということが明らかになったからである。

反対に、今日では、身分の不平等がとり除かれたあとに、これは決して唯一の決定的な社会的不平等ではなく、それとは異なった他の別な、より深い社会的不平等があること、それは法の平等によっては理解されもしないし、それ故除去されうるものではないということが、より一層明らかになったのである。それは所有の不平等であり、同時に経済的権力の不平等であった。そればかりでなく、これらの不平等、個人的自由の原理の貫徹した結果、古い封建制度およびツンフト制度並びに重商主義的規制、あらゆる種類の警察規制からつくられたすべての制約がますます除去されたので、より一層きわだったものになった。

政治的自由の原理によって正当性を与えられた利己主義的な営業努力が無制限に承認されたことが、富める者をますます豊かにし、貧しき者をますます貧しくした。かくして人々は、旗印として革命のバリケードの上に立てられた自由は、膨大な貧民と無所有の大衆にとっては、窮乏するための自由以外の何物でもなく、他方、博愛は、所有するものと所有しないものとの両者にとって、一方では利潤のための、他方では赤裸々な生活のための、荒れ狂うような、向こう見ずの競争に転ずるものであることが認識されるにいたった。

今日われわれにとって自明なものとなっているこの新しい事実は、公然と明らかになっている身分的特権の不公正性のもとに、これまではかくされていた。そして人々はそれを社会的悪の本来の根源とみなしていた。しかしながら、革命後、この社会的悪は存続しつづけたばかりではなく、なおますますひどくなったので、ものを考えるすべての人びとにとっては、まさに奪取されたデモクラシーは、本質のない、すなわち社会の本質を実際には何ら変更しない、単なる形式として現れざるをえなかった。だから人々はこの形式を、偽りのものとして考えざるをえなかった。なぜならそれはこれまで、大衆に対して社会の本質的変革をもたらす前ぶれとして自称していたからである。

かくしてわれわれは、サン・シモンの次の文章を読みとるのである。

「われわれは政府形態に非常に多くの重要性をおいている……政府の権能および形態を規定する法律は、所有権を規定しその作用を規制する法律ほどには重要ではないし、国民の幸福に影響を与えるものではない。議会主義的政府の本質は形態にすぎず、所有が核心である。真に社会的存在となるものの根拠として役立っているのは、所有を基礎づけているものである」

その結果、周知の如く、サン・シモンは単なる政治的党派の運動および政党の争いから生ずる立法については何ら期待していない。かれが政治的改革の追従者と名づける「立法者」について、大いなる軽蔑をもって語り、しかも一種の社会的形而上の理論家とみなしている。やはりかれは、究極において社会のすべての勢力が根ざしているのは産業においてであり、それ故に、人間生活の現実の進歩を作り出すのは社会的労働の仕組みの進歩であると確信していた。彼が社会の現実の解放を期待したのは、議会主義からではなくて「産業体制」「新しい産業世界」においてであった。

チャールズ・フーリエの場合には、同じような考え方がもっと鋭く表現されている。かれはかつて、一つの憲法の下で生活することは、幸福および自由にとってどのような意味のものであるかと問題を提起した。かれが出した結論は、今日なお多くの無知な弱者が単なる政治的自由のために、いくらか思慮深く決定するのにおあつらいむきであるというものであった。かれは答えてつぎのようにのべている。「飢えつつあるある者にとっては、快適な食事時間を享受する代わりに憲法を読むことが何の役に立つのか。そんなことは何ら役に立たない。いいかえると、かれにこの種の代償を与え満足することは、苦しんでいる人びとをその貧困の中で侮辱するものである」。

また別な個所ではこういっている。「社会的自由のない個人的自由とは一体何であるのか？乞食は生きるためには全く不十分な収入しかえていないにもかかわらず、かれは、生きるための労働にしばられている労働者よりも大きな自由を享受している。しかしかれの欲求は満足させられないままである。かれは劇場にいきたいと考える、しかしかれにはそんな自由はカケラもない！　僅かばかりの少数者のみが満足し遊んでいられるのである。かれらだけが特権的地位を享受しているのである。この世で社会的自由が成り立っていると主張することができるであろうか。否、社会的自由は平等や博愛と同様に単なる幻想である。博愛は次々にかれらの指導者をギロチンに送りこみ、平等は主権者というタイトルで国民を飾ったが、かれらに労働もパンも与えなかった。かれらは一日五スー（兵士として）でその命を売った。しかも首の鎖をひきずって戦地に赴いた。かくして自由・平等および博愛は幻想にすぎないのである」。

フランス革命に対するこのような批判をもって、フーリエは基本的にはすでに、単なる政治的デモクラシーに対するすべての批判のうち主要な批判について語ったのである。人は次のように要約することができる。国民は政治的権利だけでは満足しないであろう。政治的権利だけでは、現実の社会的秩序も裏付けることはできない。それ故、それはプロレタリア解放のための十分な条件ではないし、「社会的」不平等、すなわち貧困と経済的従属性をこの世からなくすことはできない。

経済的自助を主張することによって、現代社会主義にもっとも近い立場にある、あの偉大な社会革命家、すなわちロバート・オウエンも結局においては、全く同じ視点に立っている。かれもまた単なる政治的デモクラシーの要求、同時に政治的革命の手段を常に冷静に、しかも異質的に対峙していた。このようにしてかれは、とくに、最初の偉大な政治的労働運動、すなわちチャーチズムの運動に参加しなかったばかりでなく、それを、苦悩する国民大衆の状態を改善するためには見込みのない方法とみなしていた。かれは次のように書いている。

「貧困に憔悴した何千という人々が、かれらが無知であってもなくても、容易に手に入れることができる生活手段がないために、毎日死んでいる。またもし憲章が承認されたとして、一体どうなるのか？　民主的に選ばれ偏見に満ちた下院は、大西洋の反対側にあるアメリカ議会が、われわれ同胞のために働く以上のことを、国民のためにするであろうか？」

偉大なユートピスト、さらにまた他の同時代の思想家、たとえばカーライル、シスモンデイ等の批判の中に表現されたものは、事実、社会科学的領域における新しい発見であった。その内容は、われわれには全くよく知られたものであり、しかも自明なものになっているので、その心をうつ意味合いはもはや感じとることのできない発見であった。身分的対立とともに、あらゆる社会的対立が除去されるのではなく、そのもとに今やすでに存在した一つの新しい対立、それをまだ見ることがなかったもの、すなわち「階級対立」が現れるという発見である。特権と利権を伴った身分制度は、いわば、その経済的特性から生まれる社会の本来の構造に対するベールのようなものであった。かくて、理性に反した人間の不平等、大衆の政治的無権利、それとともに国家の憲法における不公正は、すべての人々の生活を現実に自由・平等・調和の中に基礎づけるために、まさに除去される必要があると考えられていった。かくして、国家の「政治的欠陥」から、社会における全ての悪の根源が生まれるように思われた。

しかしながら、今やこの根源はふさがれてしまっている。身分的制度は、フランスにおいては、一掃された。しかも身分的不平等は非常に深く定着した不平等、人間の経済的生活条件そのものの中に横たわる不平等の長期形態にすぎないということが、今や驚くべき方法で示された。人間の思想が、何の希望もなく、固定されている社会の内部における対立が明らかになった。それは法的平等の原理一般によっては決して把握されえなかったからである。法的平等は、すべての人は、その権利において平等であるべきであると定めることだけはできたが、それは、かれらの生活条件においてもまた平等であろうということを実現することはできなかった。法の平等は、たとえば、すべての市民の財産は同等に聖なるものであり、保護されるべきであると決めることだけはできた。しかしそのことは、「すべての市民は一つの財産をもつ」ということには何ら役立つことはできなかった。それは、財産なき人々にただ次のことを述べることができただけである。「わが友よ、誠に気の毒なことだが、貴方は何ももっていない。しかし、もし貴方が、私に依存しないものをもつとすると、私は、すべての他の人と同じように貴方を保護するであろう」。さらに法の平等は、たとえば、すべての市民の家宅不可侵権は神聖であると決めることはできた。しかし、そのことによって、家なき人々は、自ら生活する独自の家庭をもつことはできない。

したがって、経済的不平等、生活手段の管理を伴う国家市民の種々の制度は、一つの対立を示すということになる。ブルジョア的デモクラシーの法的秩序それに対し全く手を触れないのである。これまで国家制度が全く覆い隠していた唯一の要素、すなわち「所有という要素」が全面的に現れてきた。かくして人々はそのことをロレンツ・フォン・シュタインが一八四二年に著した著名な著書『現代フランスにおける社会主義と共産主義』の中に読みとることができる。その当時の社会科学的思想の中に、この新しい経験が、極めて強烈な理論的感動を引き起こしたのである。今や、身分の違いの場に、階級対立という新しい表象が現れた。しかも、単に国家の政治的変革に向けられた革命の場に、その目標が、この方法によっては決して達成されないので、それに満足することのできない変革への視点が登場した。それ故すでにわれわれは、ロレンツ・フォン・シュタインの有名な書物の最後に、われわれにとっては自明なものと思われるが、しかしかれ自身にとっては大胆な予言の性格をもつと思われる以下の言葉を読むのである。

「私は恐らくは多くの人にとっては、大胆だと思われる一つの主張を述べるのをためらうものではない。フランスにおいて純粋に政治的運動の時代は過ぎ去った。極めて真摯で強力な他のものが準備されている。前世紀の終わりに『国家』に対する国民の抵抗が台頭したように、今やその国民の階級が『社会』の転覆を企てている。しかも次の革命は今やすでに『社会的』なものでなければならない」

6……政治的デモクラシーと社会的デモクラシー

今日、デモクラシーの概念が、自らの中に包含しそこから出発するところの二重の意味が、完全に明らかになった。デモクラシーという言葉は、かつては単なる「政治的状態」、すなわち国家および自治体における政治的同権を意味した。しかも他方において、それはある「理念的」状態、すなわち共同体におけるすべての市民の、社会的平等を意味する。この二重の意味にもとずく混乱は、後者の意味が、われわれが「今日」デモクラシーという言葉で考えるような言葉の意味に内面的に関連させせればさせるほど消滅することになる。今日われわれはその言葉の下で人民支配を理解する。その場合人民のもとに常に精神的で人倫的な共同体が考えられるのである。それ故にデモクラシーという概念は、直ちにある理念の表象と結びついているのである。何故ならば、人びとは、その表象とともにひとりでに共同の利益という地盤の上におかれていることが分かるからである。したがって人びとが大抵の場合デモクラシーについて語るならば、直ちに人民共同体という理念についての思想および心情がひきおこされるのである。

かくしてデモクラシー支配の下における国家は、「人民国家」として、普遍性の制度、全体利益の機関として現れるのである。

しかし現実にわれわれが今日もっているデモクラシーはそういうものでは全くなく、また存在しえないものである。何故ならば社会が経済的な階級対立によって分裂されている限り、社会は決して連帯的な全体ではなく、そこから生活および発展という利害の共同性は生まれ得ないからである。この状態ではデモクラシーはむしろ階級利益の闘争そのものに入りこまされる。普遍的利益確保の手段であるどころか、むしろそれは個々の階級の特殊利益を代表するもっとも重要な手段になる。デモクラシーはこの闘争における決着を多数獲得の方法以外の手段で求めることはできないのである。多数者の利益が少数者の利益におしつけられるということは、普遍的利益の保証という理念としてのデモクラシーに矛盾するものであっても、多数決はデモクラシーの魂としてあらわれる。

デモクラシーという言葉の下に、二つの全く異なった、互いに矛盾する概念が交差している。すなわちある全体の連帯性から発し、その構成員すべての自由な共同規定に立脚する平和概念、さらに社会の中にある利益対立から発し、その解決ためには政治的同権が要求される闘争概念である。それは、社会の内部における利害の対立から発生し、その解決のために政治的同権が要求される。この後者のデモクラシー形態は、ブルジョア社会いいかえると階級国家においてのみありうるものである。それに反し他の形態は連帯的な、いいかえると階級国家においてのみありうるものである。しかし人びとは一般に、デモクラシーについて語るとき、今日ありうるデモクラシーを考えるが、同時にデモクラシーの理念、その論理的意味を否定することのできない理念を考える。それ故に、人びとは、デモクラシーについて語る場合いつでも、この二つの意味の間を揺れ動きつづける議論に大あわてに入り込む前に、ここで「いかなるデモクラシーについて語っているか」、問題なのは階級社会のデモクラシーなのか階級なき社会のデモクラシーかを問う必要がある。このようにして、究極においていつまでも続く誤解や立場の混乱からぬけだし、デモクラシーの本質のみならず、われわれがやがて理解するように、それと関連する社会主義的政策の基本問題のすべてを明らかにすることが可能になる。何故ならば、その時に、われわれがもっているデモクラシーはデモクラシー理念の意味におけるデモクラシーではなく、いかなる政治的進歩改革によっても成立しないということ、それに反しこれが現実であるというデモクラシーはなおまた実在していないということが、方向規定的認識として提示されるであろう。簡単にいえば、われわれが「もっている」デモクラシーは決してデモクラシーではなく、あるべきデモクラシーをまだわれわれはもっていないという見解に到達するであろう。

かくて二つの基本的に対象的な概念に適正な表現を与えるため、私はまえに、そのもとでわれわれが生きている、つまり階級社会の中にのみありうるデモクラシーを「政治的」デモクラシーと名付け、われわれが「望み」かつ社会主義社会でのみありうるデモクラシーを「社会的」デモクラシーと名付けることを提案した。

政治的デモクラシーを「形式的」デモクラシーと名付けてもよい。何となれば、その場合には万人の平等というデモクラシー理念は単なる法的平等の形式に制約されているだけだからである。私が政治的デモクラシーというものに全く利点を認めていないのは、この形式デモクラシーは、社会的生活における非連帯的形式としての国家の関係が強調されるからである。したがって、形式的デモクラシーの克服は国家の克服、いいかえると階級支配にもとづいた社会の政治的組織形態の克服を前提にするということになる。

しかもこの方法には始めから次のことが前提になっている。すなわち、デモクラシーがたとえば経済的内容によってみたされ、かくして「経済的デモクラシー」になるならば、既存の国家のなかでデモクラシーは単なる形式的な存在から解放される、という見解の否認である。この点について、われわれはより詳細に語らねばならないであろう。

他方恐らく人びとは、「政治的デモクラシー」という表現の場に、非常に一般に流布し、しかも非常に明確な「ブルジョアデモクラシー」という概念が登場すると期待するであろう。しかしながらこのことは、政治的デモクラシー概念の本来の意味をくみ尽くしてはいるであろう。何故ならば政治的デモクラシーは、われわれがさらに考察するように、プロレタリアートがデモクラシーを奪取しそれを以て国家を支配するであろう階級国家「内」におけるデモクラシーの形態を包摂しているからである。何故ならばこのデモクラシーもまたなお階級国家「内」におけるデモクラシーであるが、したがって社会的デモクラシーではない。しかもそれはわれわれの次の目標であるばかりでなく、歴史的には社会主義的社会へのより長い発展過程を意味するであろうから、デモクラシーという言葉の二義性を区別する場合、デモクラシーの一つの意味、すなわち形式的意味の表示を、それが形式的デモクラクラシーの、この重要な歴史的形態をも包摂するように選択することは必要である。もしそうでないと、プロレタリアデモクラシーと社会的デモクラシーとの混交によって新しい誤解が発生することになろう。プロレタリアデモクラシーは、社会的デモクラシーへの必然的な移行過程であるが、社会主義的デモクラシーそのものではない。

われわれの名称づけによって、いまや明らかになったデモクラシーという言葉の二つの意味の区別は一貫して追求されることが必要である。その場合デモクラシーの本来の本質が始めて完全に展開させられ、社会的デモクラシーと社会主義的社会とは、根本的にみれば、政治的デモクラシーと階級国家と同様に、交換しうる概念であることがさらにより明白になるであろう。

7……デモクラシーの本来の意味は連帯的な社会化である

一般に人々はデモクラシーの原理として多数決原理を考える。しかし支配的国家理論から区別された普通の意味において、民主的政府は、普通選挙法を基礎にした多数派による政府を意味する。われわれはこれまで、この見解はデモクラシーに対する大きな批判を生みだす誘因となるものであることを考察した。しかもこの批判に対決する新しい試みがないわけではない。とくに博士であるハンス・ケルゼン教授は、デモクラシーに関する極めて内容豊かな書物の中で、多数決原理はもっとも少数な市民が強制に耐え忍ぶ方法であるとして弁護している。国家秩序は抵抗する者に対する強制がなければ存立しえないのであるから、少数が多数を支配するのでなくて、逆に多数が少数を強制することは、明らかにより自由の理念に適合している。

しかしながら、多数決に立脚するデモクラシーに対する、この極めて鋭い弁護論が、われわれに対してこの原理の欠陥を明白にし、二種類のデモクラシーを区別することの重要性の意味を強めるのである。何故ならば、単なる形式的なものでないデモクラシーは、その概念からして、一人の他に対する支配を意味しないし、まして多数の少数に対する支配を意味するものでないからである。何故ならばデモクラシーの概念においては、万人の自由および平等の思想、自己の意思を他の決定でなく、「自らの決定」にのみ委ねるという思想がある。それ故にデモクラシーと「自決による秩序」とは同じことである。デモクラシーと自治とは交換概念である。この自治は個人が全体の中に秩序づけられることによってのみ、矛盾なく可能である。何故ならば個人は社会化された存在としてのみ存在するからである。それ故に、デモクラシーは、決して孤立化した個体としての「個人」の自由平等を意味するものではない。そうであれば、デモクラシーは勿論、解決することのできない矛盾である。何故ならば、個人の自由は、当然他の個人の自由を必然的に配慮する必要はなくなるし、このように配慮することは、かれ自身の制約と受け取られることになろうからである。しかしこのように自分自身のためにのみ存立する個人は、社会的に不可能である。しかも、われわれは多数者によって少なくともより少数者に対するより多数者の自由が優越すること、それがデモクラシーの意味であるという表象は、個人主義的志向方法であることを、いまやはっきりと認識するのである。それは、ある現実にとって原子化した個人という現象を受け入れ、しかも、デモクラシーについての完全に個人主義的解釈に到達するものである。

勿論このことはデモクラシーの社会学的本質を全く見過ごすものである。むしろこのことは、個々人の自由と平等は常に、それがなければ個々人は全く可能でない「ある社会的相関体、したがってあるより大きな全体の構成員としてのみ」存在することを意味する。それ故に、民主的理念の主要な代弁者、ジャン・ジャック・ルソーが、デモクラシーの思想を、その有名な「ヴォロンテ・ジェネラール」すなわち普遍的意思の概念との関連において発展させたのは、決して偶然ではない。しかも実際に、「多数決原理」は「デモクラシーの原理」ではなく「普遍的利益」「公共善の思想」がデモクラシーの原理であり、そこにすべての人が平等に参加し、すべての人が同様の方法でそれをつくり出す任務及び権利をもつものである。

しかしながら、そこから直ちに、デモクラシーにおいて、言葉一般の本来の意味において可能でありうる共同組織の性質にとって重要な結論が生まれる。この共同組織のすべての構成員が当然に「一つの」共通の利害をもつために、個々の意思が「一つの」普遍的な意思に結集することができるために、一つの社会というものがどのように考えられるべきなのか。それは、かれらが属する社会組織が「連帯的なもの」であるとき、すなわち、この社会の内部における個々人の生活条件において、個々の社会構成員の生活状態が対立的に構成するような構造がつくられないときにのみ可能である。デモクラシーは基本的には決定についてすべての人の全員一致を前提にしているという、古い自然法理論の思想は、それ故に全く誤りというわけではなかった。それは、われわれがさらに考察するように、真のデモクラシーにおける決議は全く全員一致でなければならないというのではなく「生活状態における同一性、全体への関心の一致性がすべての人に成立しなければならない」ということを意味している。この前提のもとに、デモクラシーの本質を犯すことなしに、多数決もまた可能になる。何故ならばそれは、多数決は生活および発展の二つの側面において異なっている利害についての調和を意味するのではなく、すべての人にとって平等に保障された生活関心および発展の可能性の内部での単なる行政能力を意味するからである。われわれは、この点にのちに立ち戻らねばならないであろう。

ここにおいて非常に重要な基本的認識が問題になる。すなわちデモクラシーの概念は、本来マルクスがわれわれに社会生活の基本概念として認識させた、社会化された人間の「社会学的」概念のみを「政治的」概念として反映するものであるというきわめて重要な基本的認識が問題なのである。ブルジョアジーの個人主義的国家および社会観、それは、社会および国家においで自立する個々の人間の結合だけを見るものであり、また個々の人間の自由を、上位にある全体を配慮することなしに基礎づけられているとする見解をとるものであるが、それはこの自由主義理論から、また法の自由および法の平等という個人主義的形態のみ、すなわち政治的デモクラシーにのみ帰着するものである。それに反して人間的社会化という事実、すなわち、いかなる個人も自分一人では存立できず、その存立の最初の瞬間から初めて、すでにその全存在および生成を形づくる社会的な労働関係および併存する人間の影響の全体系の中に組み込まれており、個々人のより大きな全体への政治的編入の理念、そのことによって自立する「個人」から共同体の「構成員」が生まれる個々人のより大きな全体への政治的組み入れの理念が対応している。しかもかくして、われわれは、デモクラシーの二つの概念の違いが基礎に横たわる社会観の対立がいかに帰着するかを考察するのである。

単なる権利の平等の理論としての政治的デモクラシーは、その基礎を自由主義の社会理論においている。その基本的誤りは、社会を個々人の個人から把握するところにあり、このことはすでに明らかにしたところである。それに反し個々人が他の人と、ときがたく社会的に結びついた個人として、すなわち共同体の構成員としてのみ、社会化された人間として把握する概念としての社会的デモクラシーは、社会主義の理論において、すなわち人間は実践的人間の生活の意識された社会化としての社会主義の実現に通ずるように、人間生活の社会化の理論において基礎づけられているのである。

8……何故に国家内において真のデモクラシーは不可能なのか

われわれは確信をもって語る。真のデモクラシーは「国家内において可能ではない」と。マルクス以来、われわれは国家の概念を、ある確固たる、きわめて明確な意味に結びつけている。われわれは、国家の下に、経済的階級対立に立脚し、一つもしくはいくつかの階級が他の階級を支配することに立脚する社会の組織を理解する。このような社会的組織の中で、社会的秩序は必然的に支配の組織である。支配階級は、かれらの意思を他の階級に対して、国家の法律として描いてみせる。このような階級対立的組織の中では、普遍的関心は支配せず、強力者と所有者たちの階級的利益が支配する。普遍的関心は国家内において支配する層によって、かれらが、その生活において、その健康において、財産の保全において、それ自身脅かされることがないのが当然であるかのようにのみ配慮するのである。かくて、たとえば、ブルジョア国家は、長い間、国民がどのように居住するか、居住地が貧民の健康を害するものかそうでないかということに配慮しなかった。疾病、たとえばコレラが国内に発生した時に始めて「国民の健康」

に対して熱心な関心が引き起こされ、その立派な住居にいる富める人たちはペスト菌という不幸にさらされた最下層の住居から、かれらに、影響が及ぶのではないかと心配するのである。

さらにまた次のことも知られている。労働時間の短縮および工場における資本家的搾取に対する大都市の関心が、児童死の増大および男子幼年労働者の生活の悪化によって、雇い主に対する尊敬が驚くほど低下したことによって増大しており、さらに加えて、労働者大衆における陰惨な憎悪が増大し、資本主義的利潤の創出が絶えず脅威にさらされるようになっている。正当にも「貧者の学校」と呼ばれている国民学校のみじめさ、公営病院の不十分さ、大衆の大部分が国家的保護だけが考慮される限りにおいてより高い文化財に接することから排除されていることを考えてみれば、今日労働する国民大衆が、労働保護・社会政策的法律と制度、国民保険と国民教育の発展にもっているものすべては、労働者階級の闘争によってブルジョア国家に強要したものであり、その独自の力によって発展させたものであることが明らかになるであろう。しかもそれは何ら誇張ではなくて赤裸々な真実、すなわち、普遍的善の監視人としての国家の偽善的な公式の言い草がはぎとられた真理に対応している。いうならば階級国家には、たとえば遠洋航海汽船の特別船室に乗る一等級の船客が、窮屈な船室で共に旅行する三等船客の旅券とともにもつような、すなわち、汽船が始動しないか、あるいは沈没しないかというような一般的利益しか存在しないのである。

支配的なブルジョア的国家は、一般に、国家という言葉をもって、社会的生活は強制組織の下に成り立つという事実一般をいいあらわしている。それは、国家の下に、一定の地域的境界内につくられた社会の最高の組織を理解している。しかしこれは、種々の社会的内容をもちうるし、また歴史的にもってきた、全く形式的概念である。もし国家が一定の領域に立つ最高の強制組織であるとすれば、家父長的強制、中世の同族国家、絶対王政、立憲君主制、貴族制共和国および民主的共和国は、いつでも同じ名前を以て表示される。しかもわれわれは、やがて、これらの形式的な国家概念は、種々の形態で現れる国家の特殊な本質を認識することにとって何の意味をもたないことが明らかに分かるであろう。そればかりでなく、社会主義的、階級なき社会もまたある一定の領域に立つ最高の強制組織をもたねばならないので、それらもまたこの純粋に形式的な見解によれば国家といわれなければならないであろう。

しかし、階級国家および階級なき社会を表現する一つの概念をもって、われわれは何を始めねばならないのであろうか。結果はもっと大きな混乱以外のなにものでもない。国家という一つの言葉の中に、われわれがデモクラシーという言葉の場合に考察したように、互いに何の関係もなく、反対に互いに鋭く異なったものにならざるをえない二つの意味が互いに結びあっているのである。階級国家の意味は、一方では、社会の「非連帯的な」形態を意味している。他方においては、社会の「連帯的な」形態に関連している。しかもまさにデモクラシーの理念がこの連帯的な社会に関連しているように、国家の理念もまた同様である。国家の理念をとりまくすべての栄光、すべての温かみは、それ故に、この概念もまた共同体の思想、ある普遍的利益、真の共同善の思想を包摂しているということに由来する。

国家という言葉の二義性は古い高揚した言葉を以て、国家理念について語り、人々は階級国家だけを考え認識しているにも拘わらず、このために、参加およびある理念的な感覚を伴う情熱を要求することを許すのである。それ故に、マルクスおよびエンゲルスもまた、常に、社会主義社会を一つの国家として描くことを拒否し、国家という表現を階級国家に限定しようとした。とくに今日多くの社会民主党員にとって、それはすでに政治的デモクラシーを通して達成されていると思われる目標として現れる「国民国家」の概念は、マルクス並びにエンゲルスにとって、痛憤に満ちた嘲笑の対象であった。しかも事実、階級社会において国民国家について何ら語られていない。何故ならば、階級国家において現実に精神的、倫理的に、いわんや物質的関係において連帯的社会は存在しなかったからである。人民・国民・祖国およびそのようなものの概念は、すべて、その意味の同じ二義性をもっている。われわれは、このことをすでに、デモクラシーおよび国家の二つの概念において明らかにみたところである。

いまやそのことによって、国民的、愛国的イデオロギーの賛美的作用が万能になるのである。何故ならばそれらのイデオロギーは理想主義的意味を、とくに青年に対し、階級国家の現実に対応していないこれらの概念の「普遍的」意味に賛成するようとらえさせることができるのである。それ故にこれらの概念は、社会的デモクラシーの文章や演説の中で、とくに青年の教育あるいは成人の啓蒙が問題になる機会においては避けられなければならない。これらすべての概念は、ブルジョア的用法の語彙に属するものである。すでに社会科学は、その不確定性の故にそれとは何ら関係をもとうとはしない。その上、社会科学に立脚する社会主義の精神は、それらを、明白な社会学的政治認識の点から無条件に拒否しなければならない。国民国家もまた、したがって、そのようなデモクラシー的基盤の上に立つにしても、決して国民の国家ではない、何となれば、所有の違いと、そこから引きだされる種々の経済的権力領域、そこではある人間が他の人間に従属し、しかも多くの人々が少数者に従属しているが、それは確固たるものであり、われわれが、最近愛用するようになった階級勢力の均衡の概念について論述する際に帰着する決定的な点だからである。

すでにこれらすべての事情から、本来のデモクラシーは国家の中では可能でないということが明瞭になった時、われわれが、国家の秩序は必然的に連帯的社会におけるものとはことなったものであることを考慮するとき、このことは完全に証明されるのである。この点について、私はすでにくり返し指摘した。しかもこのことを殆ど知られていない基本的方向をくり返し明白にすることが必要である。そのことは、同時にもう一度、階級国家と階級なき社会を国家という同じ名前で表示することは、いかに目的にかなわないものであるかを教えてくれる。両者は勿論最上位の強制組織がなければ出現できないものだからである。

9……強制組織と支配組織の違いについて

この強制組織がどのような内的性質をもっているかは、勿論非常に重要である。いかなる社会形態も強制なくしては成り立たない。しかし、この強制の社会的性格は、連帯的な社会を扱うのか非連帯的社会を問題にするかによって、完全に異なっている。非連帯的社会、すなわち、階級対立を伴った社会においては、この社会のひとつもしくはいくつかの階層による強制は、「他の階層に対して」行使される。これらは、したがって、優越的なかれらによって支配される。この社会形態の強制秩序は社会構成員の「一部」の側に対してのみ、優越的なかれらの意思の表出であり、それに反し、これらの登場にはかれらは決して参加していない。簡単にいえば、これらの強制秩序は「支配の秩序」である。そこでは、しかもそこにおいてのみ、「単に支配する」構成員と「単に服従するだけ」の構成員がいるのである。

この支配の秩序は、その成立によれば、支配する者の意思の流出であるが、それらが一度成立すると、支配するものにも妥当する。その結果支配するものも法律に従属する。それは社会的現実を把握しようとし、単なる法の形態に満足する法律家の形式主義に堕する社会学的考察からもいえることである。この法形態そのものが、事実上の権力発展の不平等性を可能にするということ、そればかりでなく弁護するということは、勿論法律家たちに関係ないことである。すでにヒフテイは、法律によって財産一般を保護することが問題なのでなく、すべての人にそれを作り出すことが問題であるとのべることによって、形式的な法の欠陥について指摘している。しかしながらそのこととは関係なく、勿論個人が常に成立している法律秩序に服従しているということが関連しているだけでなく、この法律の下での下部秩序が、また現実に平等であるかどうかが、問題である。現存する階級対立と社会的権力の違いのみを反映し、また是認する法秩序にあって、支配階級に属する人々は、すでに法秩序そのものの中に存在する多くの利益を見出すばかりでなく、また所有または社会的権力による法外的優遇によって、法を非常によりよく自分のために利用し、実行することができる。この方法によって、利益を受ける人々には、法秩序というものは、ある特権化以上のもの、あるいは少なくとも万人に対する平等な拘束並びに用益として現象せざるをえない。裁判所および官庁もまた、意識的な法の曲解がなくとも、法の適用を簡単に自ら一体だと感じている支配階級の精神から引きだし、支配層に属している人々に対して、財産なき大衆に対するのとは異なった形で実施するのである。しかも政治過程の耳目を衝動する場合におけるだけでなく、刑事民事裁判の日常的な実践においても裁判所の判決を正確に知っている人々は、階級裁判の概念は本来、階級社会において可能な司法の様式に対する名称に過ぎないことを知っている。

したがって必然的に非連帯的社会における強制組織は、支配の秩序である。それに反し、連帯的な社会の強制組織は全く違った関係にある。ここでの強制は、万人の共通な利益および一致した意思にもとづいている。したがってここには他の部分に対し強制される意思は存在しない。このような社会の秩序、その法律は、万人の等しく関心のある決定から生まれ、この共同社会の自律を表明する。したがってここにおいては、社会の強制は支配の秩序ではない。「自ら決定した秩序」すなわち自治である。ここでは一部の他の部分に対する支配はなく、もし支配について語られねばならないとすれば、万人の万人に対する支配である。ここで行使される強制は、万人の生活条件および労働条件から発生するようなものであり、それ故にかれらによって強制とは受け取られず、この社会における個々人の労働および生活関係の秩序としてうけとられる。自由意思で仕事につくタイプライターをうつ人が、タイプライターにむかうとき、強制とはうけとらないと同じように、連帯社会における労働および生活関係の自律規範は強制とはうけとられないのである。

普通この場合ここで二つの抗議が出される。それは、いま説明された支配秩序と自律秩序の違いをゆるがすように思われる。先ず第一に人は次のようにかたる。ある連帯的社会においても、秩序を承認せず、したがってこれらに対して支配秩序と同じように時に強制が適用されねばならない要因が見出されるというものである。さらに第二の抗議がより強烈なものに思われる。連帯的社会においても重要性および必要性についての見解の違いが一定の社会的法律をつくり出し、その結果ここでもまた多数者によって支配される少数者が発生するというものである。

まず第一の抗議についてであるが、これはそれほど重大性があるとは思われない。連帯的秩序に対する個々人の抵抗は、その秩序の性格を変えることはできない。逆に、それは、非連帯的社会の個々人に対して、この性格の本質的違いを確認するものである。何故ならば後者の場合に次のことがその本質に属するからである。すなわち反抗するものの秩序がそこにある――そこにまさにこの秩序の非連帯性がある――というだけでなく、この反抗するものたちすべてが社会に属しており、しかもその経済的組織に根ざした階級を構成するということである。それに反し、連帯的秩序に対する反抗性は常に個別的であり、例外的事例であり、その根拠は社会の構造にあるのではなく、個別的誘因の中にある。すなわち、たとえば人々が一つの感情から、あるいは病的な素質から、かれらもまたその社会を促進しているのであるから、そうでない場合一般的に支持している秩序に衝突する場合などである。確かに連帯的な強制組織は変化する。それは、すべてのその構成員に関していえば、かれらが連帯的に行動する限り、かれらの自律の組織であり、連帯性を破壊するものに対しては支配の組織になる。しかしその本質そのものから、連帯性を妨害する利害の違いが発生せざるをえないということが証明できない限り、このことはその本質的性格を何ら変更するものではない、それに従うものにとって何ら支配の組織ではない。

しかし第二の抗議はまさにこのことを主張する。この抗議は、とくにH・ケルゼン教授が説明しているように、本来経済的対立だけが生活対立になりうると考えるのは正しくないと考える。逆にそればかりでなく、一度経済的問題が本質的に排除されるや否や、多数者が同時に社会の経済的手段を操作することを考えるならば、世界観あるいはその他の文化的問題における違いが決定的に尖鋭化し、そこから新たに生活対立が発生せざるをえないというものである。

疑いもなく、階級なき社会においてもまた種々様々な問題において、世界観や意見の大きな対立が存在し、しかも疑いもなく、異なった見解の所属者の間で激しい闘争にもなる。社会主義においてはいわば最高度に完成した状態が達成され、それは、人間に天国のような無情で無関心な状態におちいる以外の何物もおこさないという表象は、マルクス主義に対するブルジョア的敵対者が好んでつかう「精神豊かな」抗議にすぎず、決してマルクス主義者の表象ではないのである。

後者は、次のような基本的認識から推論されたものである。イデオロギーは社会の経済的構造とともに本質的に変化する。社会主義社会におけると同様に経済的構造が人間の生活時間の最大の部分を、かれの精神的要請のために自由にし、しかも同時に、そのためにこれらの要求を今日でさえも利益をえている人に可能であるより以上に満足させる高い程度の手段があたえられ、またより大きくより豊かな精神的な生活の多様性、さらに、同意にせよ拒否にせよ、著しく高揚したそれへの内面的参加が発展せざるをえないという基本的認識から生まれている。

しかしもしある連帯的社会のより高く発展した精神的人倫的心情的態度を想像すると、この将来の時代の新しい対立は、決して、経済的利益対立から生まれる闘争とは比較できないことが分かる。新しい生活対立に導くと称される能力、精神的な対立についての反対的抗議は、一見して非常に現実的な力を「今日の人間の心情的態度」を単純に「将来の状況」に移行し、今日の経済的文化的社会情勢から全体的に異なっている将来の状況に移行させることからのみ作り出している。全体の抗議はまさにブルジョア的抗議であり、それはブルジョア的世界からぬけでて考えられず、それは今日のブルジョア的人間を、将来の社会主義社会に紛れ込ませているという意味で考えられている。

この考え方は明らかに誤りをおかしている。一面において、経済的関係が決定的に非連帯的形態を連帯的形態に変形させられており、この経済的変化が、相応のイデオロギー的変化を随伴しているということを考えていない。連帯的社会は、われわれが今日もっている社会ではないと同様に、このような社会における人間は今日存在しているような人間ではないのである。人は、われわれは、もし連帯的社会と非連帯的社会の概念的な対置を問題にするとき、自明なことに、「完成された」経済的に連帯的社会、すなわち、いわば移行過程的形態ではなく、マルクスがかつてこのことについてのべたように、そこからそれらが発生した資本主義社会の卵の殻を身につけている社会を考えねばならないということを考慮せねばならない。連帯的社会は、むしろ、疑いもなく、その特色に到達するためには、もっと多くの世代を必要とする発展の産物、簡単にいうとマルクスがかつてのべたように、人間を含め環境が変化する長い歴史的な過程を経過する発展の産物である。

しかもそれは、人間の性格は、人が普通考えるように、変化するものであると言ってなぐさめになるものではない。その際人は「甚だしい空想的社会改良」「素朴な楽観主義」について驚くことはない。しかしながら、ここにいくらか不思議なことがあるとすれば、せいぜいそれは次のような見解である。ブルジョア的精神、人倫の状態を克服することの出来ないものとしてうけとり、ある全体的な、世代を通して進行する人間の外的生活状態の変化が、内面的にはそれを変化させるであろうと前提することは、ユートピア的・楽観的であるという見解である。しかし今日の人間もまた、われわれの時代の止まることなき技術および資本主義的発展によって完全に変化したわれわれの生活のテンポ、下層における生活そのものの全く異なった局面と運動の可能性、政治的・社会的見解において全く形を変えた思想および感情様式をもった今日の人間は、一五〇年前、すなわち古典的な詩と哲学の最盛期におけるものとは異なったものであった。自らを批判的で「経験に即している」と考え、人は、人間を「あるがままに」うけとめねばならぬという見解は、もしそれらが全く素朴に、人間は、将来、加えて急激に変化した生活関係において同じ精神的状態に止まらねばならぬ、それについて批判家はその先を考えることができないということを、全く素朴に受け入れるとすれば、まさに全く無批判的で非科学的である。

もし人が、連帯的な社会において、より多くの世代を通じて進行した社会的教育過程、それによって社会構成員の知的道徳的教養の一般的水準が全く高められ、しかもますます強まる共通感覚が発展する教育過程の成果が存在するということを一度受け入れるならば、究極の人類史の物語は、決してユートピアではなく、あるいは信じがたい信仰でもないのである。

10……多数の問題

一般的にいって、ある連帯的社会において多数の者は、理性や道徳および共同利益の評価の点で、今日と同じように殆ど関連はないという蓋然性が成り立ちうるだろうか。否、そのように考えること、将来の世代を今日の大衆の無教養および階級エゴイズムの水準に引きおろすことは、あらゆる先行する知識からして、時代錯誤的発想である。

劇的にいえば、経済的に連帯的で、知的で道徳的に結びついた国民共同体において、愚かなもの、悪いものが、多数になると、現実に考えることができるであろうか。したがってこれらすべての例は、ある社会的デモクラシーにおいてもまた少数者の支配があるだろうということを証明するため、もっとも気の抜けた多数決を想像するこれらすべての例は、なるほど瞬間的に非常に好ましく見えるが、全く批判がなくなった瞬間においてのみ、あるいは今日の見解と様相に絶対的にとらわれた状態が続く間においてのことである。

将来の全く異なった色合いをもつ生活状態および精神性の故に、自ら一つの例を見てみることは、微妙なところであるが、形式的デモクラシーと社会的デモクラシーにおいて多数決の社会的機能がいかに異なっているかを詳しく見極めるために、私はやはりあえてそうしたい。

将来の社会において、肉食品は肉体的発達および健康にとって必要というのではなく、逆に、肉体的有機体を以前の古いものにし、将来の人間が必要とする、より洗練された精神的感性的なものを阻害すること、それはつねに人間をくり返し二〇世紀の隔世遺伝の中に陥れ、常に再び、非社会的本能、血および闘争衝動がかれらの中に引きおこされるということが、科学的に抗議の余地なく証明されるだろうということを受けいれたとしよう。さらにこの科学的認識は、今日アルコールの害についての確信と同様に、よい意味での社会的規律として受け入れられており、しかもそれらはすでに青少年教育の構成要素になっている。ところで肉食品を禁じている多数決は、当時の人々には、アルコール禁止法あるいは性病撲滅法（たとえばそれによって男性もまた周期的に検査される）がすでに今日われわれにみせているもの、すなわち、一つの社会的今日的規制としてあらわれている、それについて、種々の意見がありうるが、しかし、別な考えをもつ人々を「管理」もしくは「支配」することを意味しない。勿論今日、自らは泥酔しない時に、あるいは他人に梅毒を感染させることができない時に、個人の自由の制限について烈しく反対するかなり多数の人々が存在する。しかも、これらの人々を真のデモクラシーの試金石としてうけとめるようにすること、しかもこれらの「自由」は保障されるべきであると考えることは、何人も真面目に主張しようとしないであろう。私がこのような法律を拒否するかどうかは全く別のことである。何故ならば私は、それは何ら役に立たない、あるいは、それは別の害になる作用をもっているという見解であり、したがってそれを拒否するかも知れない。何故ならばこの法律の目的は、共同体の促進、全体の連帯性を承認しないからである。最後の場合、私はそのことによってこの連帯性の外に身を置くものであり、私はもはや連帯性の社会に属していない。それは、前以て見通せる状態に対する将来の社会の前以て描きうる精神的道徳的状態からして、異常な病的な個別の例であるにすぎない。それ故それは決して生活対決の形式に通じうるものではあり得ない。それればかりでなく、今日このような思考様式は本来病院に属しているものとして考察してみよ。それに反し拒否の別な様式は、はじめから、多数に属する人と同様に少数に属する人が肯定する法律の目的を否定する者でない。それ故に連帯的社会は多数決によってもまた完全に破壊されるものではない。

この点において、とくに今や、多数決は一般にデモクラシーの概念の本質に属するものではなく、本来それに反するものであるということが明らかになる。しかも多数投票を一般的に実行することだけが、ここにおいて、或る自明性を自らの前にもつと人々が信ずるということを実現するのである。しかし現実には、少数者は多数者が欲することをしなければならないという要求だけが自明なことである。もし人が多数決のこの意味を劇的な意味で表現するならば、次の質問にとらわれることになるであろう。私は何故に他人が欲することを行わねばならないのか。それは唯単にかれら二人が私に反対しているからであるという理由からである。その上人は直ちに、このことは決して自明なことではなくて、少数者が多数者の意思に従うことになる二つの道があるだけだということが分かる。つまり、一つは自由意志的に行動することであり、第二は多数者が少数者を強制するからである。第一の場合は、少数者が意見の違いをえて多数者とともに共同体の維持に関心をもつ場合である。しかもそれは、連帯的共同体の場合である。すべての他の場合においては、少数者が、多数者によってその意思にしたがって強要されない時に、多数者から簡単に分離する。この強制は、勿論、多数者が少数者を直接に強要すると理解されるばかりでなく、少数者が、多数者から分離できないと理解されるからである。何故ならば多数者が少数者の存在の手段をその権力の中にもっているが故である。

ハイキングの一行が、道が互いに分れた地点に到達した時のことを考えてみよう。一つは出発点に通ずる道である。他は山にのぼる道の場合である。多数派は、さらに山に登ることに賛成した。この合意においては、他の人々が、デモクラシーの概念から、山を登るようにさせなければならないということは、含まれていない。かれらは、かれらの疲れを配慮することよりも他の人々と組みをつくることへの満足がより価値があるとなれば、かれらの偏った見解にも拘わらず、それを実行するであろう。それに反し、かれらが何の楽しみもなく、あるいは他の人と一緒に行く十分な力をもはやもたないならば、他の人々と別れるであろう。しかし、たとえば、一つの研究グループの場合を問題にしてみる。そこでは食糧備品がそのグループの指導者によって管理され、しかも、グループの多数の同意によって、指導者は、これ以上共働する意思のない少数者にかれらのための食料品を与えることを拒否した。そうして良きにつれ悪しきにつれ、さらに一緒にいかざるをえなくなる。たとえかれらが役に立たない、あるいは害になるかも知れないグループの存続に何らの関心をもたないにしても、かれはかれらの援助を断念することはできないからである。デモクラシーの純粋な概念には、したがって全く、少数者が多数者の下位にあるということはなく、反対に、少数者は多数者から分離する完全な自由をもっている。そして、連帯的社会において、意見の違いそれ自体は、別々に歩むことの理由にはならないのであるから、したがって少数者はここにおいて多くの場合圧倒的に道徳的並びに技術的理由から多数者に結合する理由をもち、あたかも、デモクラシーの概念にとって多数者は本質的であるかの様相をとる。しかし現実にはここにおいて、多数者が少数者について決定するのではなく、少数者自身が多数者の下位に立つことを決めるのである。何故ならば少数者にとって多数者と協同性をもつことはかれら自身の片寄った見解よりもより価値に満ちたものであるからである。

したがって、連帯的社会において、多数決は階級社会におけるのとは「異なった社会的機能」をもっている。階級社会においては、多数決は常にある「階級」利益の他の階級利益に対する決定であり、連帯的社会においては、それに反して、ある「共通な」利益の異なった実行方法の決定になる。それ故に連帯社会において、それは「レギールング」（政治）の性格をもち、階級社会においては、それに反して、単に「ヘルバルツング」（行政）の性格をもつのである。それは、すでにサン・シモンが、政治は人間に対する支配から、事物の管理に変化せざるをえないという要求を語ったとき、マルクスがそれを受け入れただけでなく、経済的な階級国家から社会主義的社会への必然的発展の中に、その実現の可能性を提示した。今日、すでにデモクラシーの古代の批判の中で出されているその本質について、表面上の矛盾は、国事において単なる多数に決定させるのはやはり矛盾している、他方人々はあらゆる他の事柄においては、最上とみなされる専門家に委任するということで、解決されている。今や、このような矛盾は、非連帯的社会においてのみ成立し、そこではある共通な目的が欠如し、何ら共通の利害も受け入れないということは、明白だからである。ここでは現実に、個人的利益の追求、および大衆の判断喪失および興奮をかれらの立場のため、せいぜい誰かが獲得できるという偶然に、大きな活動領域が与えられる。歴史はまた、まさにデモクラシーが、その不公正な形態で、強力な扇動政治家の手の中で、表面的な国民投票の道によって、独自の権力をうらづける強力な手段であったということをわれわれに示している。ナポレオンⅢ世の王政あるいはムッソリーニの権力を基礎づけたような方法のすべての「プレビジット」(一般投票)は、そのための強烈な例である。

それに反し、社会民主党は利害の連帯性を通し、共同組織の秩序及び運命に対する普遍的内面的な参加をつくりだした。このことは、ここでは、あらゆる決議が、直接に、社会生活の生産および分配過程における独自の役割に直接関係するだけに、なおさらのことである。しかも、もし人々がさらに、社会的デモクラシーは決して中央集権的国家管理の構造をもつのでなく、それは、自治的で、しかも相互に結びついた自己管理体から成る合議制の上に立脚し、それは経済生活および文化生活の様々な目的によって組織されているということを考えるならば、次のこと、すなわちこれらの労働の範囲および共同体の範囲の内部で、かれらの構成体の内部的関係が前提にされており、それは平等の利害並びに平均的で同質な専門知識をいたるところで可能にするばかりでなく必要なものにするということが、容易に洞察されるのである。社会的デモクラシーは、現実に人間的社会的分化の概念を矛盾なく実現するばかりでなく、それは、その生活条件の中から、それ相応の青年の教育によって支えられて、これらの社会化の連帯的意識形態、すなわち共同体への関心、彼らの要望のための理解を創りだすのである。

11……独裁概念の論議へ移行

独裁概念の論議に移行するにあたり、デモクラシーの言葉に含まれている二つの意味を厳密に区別することは、われわれに次のことを教えている。すなわちここで問題なのは、一つの概念的な区別ということではなくて、デモクラシーが全く異なった二つの社会的構造であるということである。このことはいよいよ明確になってきている。すなわち「独裁」の概念とデモクラシーとの関係について論議を進行させていけば、政治的デモクラシーの性格はさらに明らかになるであろう。

独裁の概念はロシアにおけるボルシェビズムによって大規模な現実になった。ロシアでそうよばれているプロレタリア独裁は、一面においては大いに讃美され、他方では中傷されている。だが、争いの余地なく、その独裁はすでに世界史的な事業になっていた。ロシアの二月革命が、その広がりにおいてもその急速な徹底性においても、決して実現できなかった事業、すなわち「ツアーのロシア」の完全な破壊を完成したのである。

それ故に独裁の本質および方法が、政治的理論的討論の中核に導入されたのは、何ら不思議ではない。その際、独裁の味方と敵対者の間には決定的な溝が形成された。ボルシェビズムから発した大きな国際的精神の発揚の過程で、その進歩的で断固とした理想主義的階層の中にあったプロレタリアートは、ロシアのプロレタリア革命に賛成し、プロレタリア独裁に賛成するという情熱によって満たされた。われわれがすでに始めに説明したように、「すべての権力を労働者評議会に」という独裁の宣言、叫びが、プロレタリアの側のいたる所から聞こえた。それはかれらの目標に達する唯一の道として現れ、しかも社会主義的労働運動に異常な高揚を与えた。それに反し、ブルジョア層は、独裁に対し懐疑と恐怖をもって相対峙し、独裁者の「恐ろしさ」および「人倫的背徳」をさらしものにすることに努めた。その際の主要な論理として、くりかえし主張されたことは、独裁は少数者の権力化の体系である故にデモクラシーに死活的に対立するものである、ということであった。

しかしそのあと、プロレタリアートにとって不吉な事態に進展した。プロレタリアート内部で、独裁の問題をめぐって分裂したのである。この概念に対する立場について、二つの傾向に分かれたのである。ロシアのプロレタリア政党では、共産党の政治的優越は明らかだったが、ロシア以外のプロレタリアートは、階級闘争のボルシェビキ的方法を運動内部に無批判に注入しようとする共産党の方針に対抗せざるをえなかった。プロレタリアートを通じて国家権力を暴力的に把握するという戦略はロシアにおいて可能であった。そこでは、プロレタリアートはその際爾余の住民の圧倒的大衆の上に立脚することができた。何故ならば、爾余の国民すなわち農民は崩壊の中から勝利を得、それ故、その上多くの危険な中間状態を克服して始めて、事態の新しい秩序を確立することに関心をもったからである。それに反してロシア以外のプロレタリアートは、いたるところで、農民を、まさに戦争においてかれらに対抗する豊かになった階級とみなし、しかも独裁の試みを通じて市民戦争を引きおこした。それはなるほどそれ事態として防ぐことができず、しかもそれはプロレタリアートにとって不吉なものになったからである。恐らくこのボルシェビズム的結果を拒否することに、次の事情がまた強く作用した。

プロレタリアートの大きな階層は名前からして社会民主党員であった、しかしかれらの感情からして単なる急進的な経済的な利益政策に有利なように、すでに長い間革命的階級闘争の立場を放棄していたということである。しかも次の事情が加わった。共産党に対する闘争、とくに結局はプロレタリア独裁の概念がそれに帰着した。蜂起戦略に対する闘争がプロレタリアート自身に社会民主党を疑わせ、かれらは社民党に耳を傾けようとしなかった。悲しむべき概念の混乱が到来した。それは今日なおも極めて多くの社会民主党員に発生している。プロレタリアの独裁はいわば「共産党的なもの」であり、したがってそれ故に放棄すべきものとみなされ、マルクス・エンゲルスが「共産党宣言」の中で、プロレタリア階級闘争の目標として提起していることが全く忘れられてしまった。反対に、それとは別にその記述に誇りをもっていた「革命的社会民主党」は、今やブルジョア批判から、デモクラシーと独裁はきびしく対立するものであるという理論をうけとった。とくにドイツにおいては、デモクラシーそれ自体に対する熱烈な心酔者と情熱者、しかもロシア革命に対する悪意のある批判者になり、かくてプロレタリアートがこのようなデモクラシー礼賛の党新聞および雑誌の報道を通じてのみ、ロシアについて情報をうるならば、かれらはロシアプロレタリア革命の巨大な歴史的偉大さについて、ロシアにおける社会主義の発展にとってのかれら独自の階級の事業の意味について何ら観念をもちえないであろう。

それに反し、プロレタリアートの分裂と、その大部分における革命的階級意識の欠如から再び失われた勇気が立ちもどったブルジョア層に、独裁に対する大きな実践的関心が芽ばえた。ブルジョア階級、その教養に富み、文化的教養に富んだ階層においてすら、変革の衝撃に打ちのめされた日々の中で、突然その社会的特権を奪われるのを実感した。あるブルジョア層は、自らの生活手段を確保するために、労働者評議会において単純労働者に請願せざるを得なかった。べつのブルジョア層は、広大な住居から居住場所を譲渡せざるを得なかった。これらの「状態」についての恐怖がなおあらゆる部門に存在したブルジョア層は、今やいたるところで「強い手」に心酔しはじめた。今やいたるところで偉大な政治家に対するほめ言葉が現れている。「時代が呼んでいる」というのである。しかもすでにかれ独自の政治的成果、民主的議会が完全に放棄されるにいたっている。何故ならばそこには膨大な数のプロレタリアが居すわっているからであり、しかもかれらが議会において多数になる時代は極めて目前に迫っていると評価されているからである。それとともに議会はブルジョアにとってその魅力を失った。議会およびデモクラシーそのものに問題があると見始めており、かれらにとってその比重を確保できる「国民代表」という別な形態をまち望んでおり、さらにこのような望みに立って身分制利益代表の再生に賛成するまでに至った。それはデモクラシーの新しい段階として、経済的デモクラシーとして称賛することを好んでいる。しかしながらなかんずくブルジョアは、今や「強い手」の独裁賛成に熱中している、それは「デモクラシーのゆきすぎ」を後退させ、大衆の「切望」を当然の中庸さにひきもどし、さらに「聖なる秩序」を再び確立することができるものと考えた。ムッソリーニ、ホルティおよび同様の人物は、今やブルジョア世界の本来の守護者となっている。しかも、プロレタリアートの大部分がその単なる言葉を恐れているのに対し、支配階級は独裁の概念と完全に妥協しているという悲劇的見世物を、われわれは体験している。プロレタリアートが独裁を受け入れること、デモクラシーと独裁の一致について情熱的に争っているときに、他の層はすでに可能なところにおいてプロレタリアートに対応する独裁を常に断固として利用している、また一時的に甘受せざるをえないところでは、準備をはじめている。

このような社会主義的意識の不吉な混乱は、われわれがデモクラシーの概念の二義牲を意識し、独裁の概念をそこからより詳しく考察するならば、消滅するものである。さらにデモクラシーと独裁は矛盾であるという主張は、人々がデモクラシーの下に何を理解するかを明白に規定しない限り、何ら意味をもたないことが分かる。さらにこの事が発生するや否や、「独裁は社会的デモクラシーとのみ矛盾し、それに反し政治的デモクラシーとは殆ど矛盾しない。それはまさに独裁が行使される形態である」ということが分かる。したがって、もし独裁がデモクラシーと矛盾するならば、「われわれが未だもっていない」デモクラシーとも矛盾するのであり、われわれが事実上もっているデモクラシーは、これがもし可能であり必要であるとすればそれ自体プロレタリアート独裁の遂行のためなら障害ではない。われわれはこのことをよく詳しく説明しなければならない。

政治的デモクラシーの本質は、単に形式的な法の平等に成り立つということを、われわれはすでに知っている。しかしこのことは、非連帯的社会において、したがって今日の階級国家においては必然的に、国家の生活問題についての決定は、同時に常に闘争決定であり、そこでは、国家の支配をめぐって種々の階級の互いに相対立した利益集合体によって闘わされるということになる。しかも結局ところ、ブルジョアデモクラシー内部における最後の一線において、国家秩序および社会秩序を除去しようとするプロレタリア・デモクラシーの努力に対する、ブルジョア的所有秩序および国家秩序の維持が問題になる。「それ故にブルジョア国家における法秩序は、始めから、所有階級の非所有階級に対する独裁の性格をもっている」。しかもこのことは政治的デモクラシーの形態によってのみおおわれている。その際ブルジョア的法秩序の法律が生まれ出る決定は外的にはある代表体の多数決定として現れる。――それは意図的に完成されたブルジョアデモクラシーの場合を想定すれば――あらゆる男女市民の自由で平等な選挙権から生まれ、しかもそこではすべての代議員が同権である。しかしながら、このことはまさに、階級社会において、一部が他の部分を民主的に支配する形態である。少数者は、ここでは、ある連帯的社会の場合のように、ある共通な事象の実行についいて単に異なった見解をもつものではなくて、承認には到達しない「利益」をもつものであり、簡単にいえば抑圧支配されたものである。このことは現実に「民主的」な立法の本来の性格であるということは、ブルジョア秩序の基礎あるいは支配階層の経済的政治的優越的地位が考慮されるや否や、もしブルジョアデモクラシーがプロレタリアートの大きな抵抗、あるいは、大きな大衆の不満を考慮しなければならないある危機的時代に入ると、直ちに示されることである。その時直ちに国家の権力手段が、支配する層の意思を強化貫徹するために発動される、その時には反対の新聞は迫害される。講演者や政治的文筆家は告発監禁され、反対の集会は困難になるかあるいは全く禁止解散される。

しかもそのための通例の法的状態が十分に機能しないとすれば、すべてのもの、すなわち民主的憲法もまた、さらに時々の多数が国家市民の民主的権利をもつ独裁条項もまた抑圧される。そうして包囲状況が告知され、あるいは戒厳令が宣告され、結社・集会の自由は言うに及ばず新聞の自由は排除され、やがて特別裁判が活動し、街頭には警察軍隊が出動し、必要ならば多数の意思を形成する。人々は、非常事態は、非民主的君主制の単なる制度ではなくて、民主的共和制の一つの制度であり、その法律の中に予見されているということを極めて安易に見過ごしている。それだけでなく、議会の多数に立脚する政府は、多数の決議によって独裁を正当化できるし、するものであるということが、政治的デモクラシーの本質に属しているのである。しかも今日のデモクラシーを信じている人々はブルジョア国家における政党の暴力化に対して、もしこれが民主的代表体における多数決によって決定されなければ何ら抵抗しえない。何故ならばかれらは多数の中においてまさにデモクラシーの本質と意義を尊重しているからである。

12……独裁とテロリズの区別

恐らく、人々は、議会内の多数は国民の中での多数である必要はない、あるいは、現実の社会的力関係の真の表現である必要はないと考えている。これは非常に正しい指摘であり、われわれ自身がこれに着眼しなければならない。しかし、ここでは一時的にそれを度外視して考えてみよう。独裁と政治的デモクラシーとの関係は、少数者の多数者に対する支配の関係から発する問題とは、完全にその様相は異なったものになる。後者の場合は独裁とは全く異なったものだからである。

われわれが考察したように、独裁は政治的デモクラシーすなわち多数支配に立脚している。しかもそれ故に形式的デモクラシーと独裁との間には何ら矛盾はない。それに反し、多数者に対する少数者の支配は、デモクラシーに対して絶対的な矛盾を意味する。それが歴史に登場するとき二つの形態をもっている。これまでの歴史の大部分を占めてきた第一の形態は、「非民主的」な階級支配の形態である。そこでは所有する人々および社会的権力者からなる少数の層が爾余の圧倒的な大衆を支配していた。こうした少数者の多数者に対する支配関係は、いわば慢性的な状態としてつづいてきたので、被支配者にとっては長い間、これが自明的なものとして信じられてきた。しかし、多くの人々が真の関係に気づいたときの衝撃は大きく、受動的な服従から目覚めてしまう。そのため、少数者の権力はそれを維持するための法外な暴力を必要とした。

それに反し、もう一つの形態は、革命的時代における、勇を鼓して立ちあがる少数者に対する激烈な襲撃である。これに対して、人々は、ここでは少数者による多数者に対する暴行が目に入ったので「テロリズム」という表現をつけた。しかし他の慢性的な形態も、その本質からいって、たとえそれがしばしばあらわれるものでなく、いわばその極端な手段のみを指摘するものであっても、テロリズム的でないとはいえない。ただバスチーユ・シュルッセルブルグ、シュピールベルグが、拘禁令あるいはプロシアの法規あるいはシベリア追放等と同様に、その体制の維持の通例の手段に属する、しかもテロリズムの最少の手段ではなかった。なんとなれば、一七九三年の恐怖政治家のギロチン、あるいはいわゆるボルシェヴィキ独裁の断頭台のように絶対主義の永続的な、いわゆる「正常な」状態に位置づけられていたからである。いつの場合でも、テロリズムにおいて権力それ自体を独りじめに、しかもそれらを明白に非民主的な形態に適応したのは、組織された少数者である。「朕は国家なり」というルードヴィッヒ一四世の言葉は、この関係を特徴づけるものであった。ロシアのボルシェヴィズムのイデオロギーもまた、少なからず同じである。プロレタリアートの発展を指導した少数者すなわち共産党の意思を、ロシア国民のみならず社会の意思一般と同置したのである。

　この表現は、現実に独裁を見分ける表記としてふさわしい。何故ならば、そのことによって、そうでなければ、独裁とテロリズムの同置に結びついている多くの混乱が判別されるからである。確かに二つの概念は、他人の暴行を意味するという点において一致している。しかし、テロリズムの場合において暴行を受けるのは多数派であり、独裁の場合は単なる少数派である。テロリズムの場合利益を享受するのは少数者であり、独裁の場合は多数者でアる。簡単にいえばテロリズムは「貴族的」に暴力を使うが、独裁の場合は「民主的」に暴力をつかう。

13……独裁とデモクラシー

テロリズムは、独裁とデモクラシーの関係を規定するにあたり、考察の範囲に入ってこない。したがって、われわれがテロリズムの諸例から考察していくとなると、人々が普通考えているデモクラシーすなわち政治的デモクラシーとテロリズムの両者の概念の間には「何ら矛盾はない」ということがあきらかになる。しかもわれわれが今日、独裁はいたるところにおいて、プロレタリアートの場合よりも以前に、理論的理解および実践的適用を見出すということを、今日われわれが見ざるをえないとすれば、それは、現在の社会主義的労働運動の内面的弱さを再び反映しているのである。

それに反し、今日の社会民主党において、プロレタリア独裁は政治的デモクラシーの意味において「非民主的」でないばかりでなく、それは「プロレタア権力によって満たされデモクラシーの一つの帰結を意味する」というはっきりした意義づけが必要である。すでに「共産党宣言」において、プロレタリアート独裁は始動理念であり、そこからプロレタリア階級闘争の任務と意味が規定されている。たとえ独裁という言葉は個々にまだ現れていないが、独裁の本質と内容はすでに明白に記述されている。「共産党宣言」は次のように述べている。「プロレタリアートはその政治的支配を、ブルジョアから順次すべての資本を奪い、あらゆる生産手段を国家の手に、言いかえると、支配する階級として組織されたプロレタリアートの手に集中し、生産力の総体を出来るだけ増大するために利用する」。このことは、まさにマルクス・エンゲルスの場合、プロレタリアートによる政治的権力奪取の意味であり、このことは、マルクスがすでに「ブリュメール一八日」という論稿の中で表現しているように、のちにさらに明白にくり返しているように、階級国家の機構を破壊するのが目的なのである。プロレタリアによる政治的権力の把握は、マルクス・エンゲルスの場合、国家の「中で」支配する行為ではなくて、国家を、勿論今日明白ではないが、遠くない時期に、この目的のために役立つあらゆる手段を以て廃止する、すなわち経済的階級的対立を除去することである。階級社会および階級国家の克服は、プロレタリアートの勝利と共に資本主義社会が登場するという方法で進行するものではない。むしろ、今やなお、階級国家並びに階級社会が存続し、支配階級が後退するだけである。支配階級はブルジョアジーおよびそれに付属する璽余の社会層ではなくて、プロレタリアートおよびその同盟者である。むしろ今日なお階級国家並びに階級社会が存続している。唯支配階級が後退しただけである。

支配階級はブルジョアジーおよびそれに付属したのこりの社会層ではなくて、プロレタリアートとその同盟者である。しかも、階級社会の制度を破壊し、かれらの支配を奪われた社会層の抵抗と敵対的影響力と闘い、それを無にするために、プロレタリアートの決定的支配の長い時代が必要である。国家を支配し階級社会に対決するプロレタリアの支配がプロレタリアの独裁である。「資本主義社会と共産主義との間には、一方が他方への革命的転換の時期がある。それにまた政治的移行の時期が対応する。その国家はプロレタリアートの独裁以外の何物でもない」とマルクスが書いた時、かれはそのことをそのように説明したのでる。

この独裁がその目標を達成するためにいかなる手段を適用するかは、全く、目的に適合した根拠、すなわち、われらが克服しなければならない抵抗の方法、範囲、危険性にかかわるものである。しかしながら、彼らが、彼らの敵の政治的権利、すなわちかれらの選挙権、かれらの報道の自由、結社・集会の自由を制限することに着手しなければならないとすれば、その際人は二つの事実を見過ごしてはならない。

すなわち、第一に、プロレタリアの独裁は、「革命的」時代であり、そこでは、社会の平常な安静状態が問題なのでなく、このような社会への移行が問題であるということである。第二に「独裁はデモクラシーの基盤の上で」行使される、すなわちわれわれが今日明らかにみたように、政治的デモクラシーの上で行使されるということである。いまや、われわれがデモクラシー概念の二重の意味を区別した際に、社会的デモクラシーとブルジョア的デモクラシーとの間でなくて、後者の概念を形式的あるいは政治的デモクラシーと表示したことが正当化される。

何故ならば、しばしば看過されているように、「プロレタリアデモクラシーもまた政治的デモクラシーの一形態である」からである。それはまだ決して社会的デモクラシーではなくて、それは、これを初めて設立しようとするものである。しかもこれらの目標をとおして、プロレタリア独裁はブルジョア独裁から区別される。しかし二つとも多数支配を表示したものである、すなわちそれらは政治的デモクラシーである。

ところでこのことは――しかもその他独裁について非常に誤った見解をもっていたカウツキーはこの点においては正しかった――マルクスとエンゲルスの場合には決定的なことである。かれらはこの独裁を常に国民の圧倒的な大衆の仕事と考えていた、何故ならばかれらは資本主義的社会の発展は、プロレタリアートを、彼らに属する同じ利害をもつ他の社会層すなわち農業労働者、小農民、精神労働者、小ブルジョアの大部分を革命の瞬間に、住民の多数に成長させるからである。それ故にすでに「共産党宣言」の中で次のように語られている。「すべてのこれまでの運動は少数者のしかも少数者の利益のための運動であった。プロレタリアートの運動は、巨大な多数者の利益のための、巨大な多数者のための、自立した運動である」。しかも、マルクスとエンゲルスは、プロレタリア独裁をパリコミューンの歴史的例で明らかにしたが、かれらは同時に、これらが一般的な投票権に立脚することを力説した。

今日、人々は、マルクスが「共産党宣言」の中に「労働者革命における第一歩は、プロレタリアートが支配階級に台頭すること、デモクラシーを闘いとることである」と書くことができたのはどうしてかを理解している。それとともに、その全体的関連の中で、プロレタリアートの立場の意味から、国家内における平等な権利を単にかちとることから、何が明らかになるかが考えられているのではなくて、反対に、国家を国民多数に従属することが考えられている。デモクラシーという言葉は、ここでは、われわれがすでに指摘したように、その本来の言葉の意味、すなわち、デモスの支配、国民大衆のこれまでの特権者に対する支配を意味する。しかも今日では、エンゲルスのしばしば争われた命題が矛盾なく解明されているように、プロレタリア独裁が実現できる形態がデモクラシーであることもまたあきらかである。ここでは重ねていうが、万人の形式的な平等が考えられているのではなく、国家に対する多数者の支配が考えられているのである。

独裁とデモクラシーの関係についてのこの見解は、一つの矛盾に陥っているようにおもわれる。何故ならば政治的デモクラシーは法的平等の原則に立脚するが、独裁はそれを犯すものだからである。しかしながらそれは政治的デモクラシーの矛盾ではなくて、その対立的内容の確認にすぎない。何故ならば、それは、ここにおいて注目され、究極においてもう一度正しく理解されねばならない要点だからである。すなわち、政治的デモクラシーは、少数者が「民主的に」管理されうる民主的形態を意のままにするのである。一般的投票権を基盤とする政治体の中で、反動的多数派も革命的多数派も社会の一部をその法的平等の中に制限し、あるいは、憲法の基礎を変更することができる。かくてたとえば、男女市民の普通選挙権に立脚する議会は、婦人選挙権を再び廃止し、共和国の場に君主制を再び導入する決議をすることができる。デモクラシーは、普通投票権に立脚した議会制形態において、必然的に、万人の自由という結果をもたねばならないという広く流布された見解を、オットー・バウワーは正当にも小市民的幻想であると名づけた。そしてかれは極めて正しく次のように書いている。政府および議会が普通国民選挙からつくり出す法の秩序は、普通国民選挙そのものが政府および議会を「一つの階級に譲渡しそれらを他の階級に対するかれらの支配の道具」にすることをさまたげるものではない。普通選挙法にもとづく議会制デモクラシーは、階級支配を止揚するものでなく、それは、階級支配に「始めて国民全体による確認という認可を与えるものである」。

もし人がこのような決議を非民主的というならば、その理由は、これら決議の内容が完全に形式的な権利の平等の理念に矛盾するからである。しかも決議の実行はこのような完全に形式的な権利の平等からなされており、しかもその限りにおいて、疑いもなく民主的なのである。人はデモクラシーに対し始めから決議しなければならないことを指示することはできない。人はそれらをせいぜい一定の決議は全員一致によってのみ、あるいは条件づき多数によって決定されるという特定の規定によって、この観点から一定の決議を困難にすることができる。このような決議の結果が、いまや権利の平等が少数者に限定されるというものであれば、デモクラシーは廃止されるであろう。しかもデモクラシーの方法によってである。それに反して、ある少数者に対する権利の平等を制限することは、それらが民主的形態で登場する限り、デモクラシーの構成に決してふれるものではない。ここで感得され、これらすべてを民主的として表示することを妨げようとするすべての矛盾は、それ故に、この場合いたるところで政治的デモクラシーだけが問題になっており、われわれは社会的デモクラシー、すなわち連帯的な社会の理念を、恣意的にその場においているということを再びもう一度忘れているということに関連しているのである。

さてさらに、人は次のように抗議することができる。われわれが詳論したすべての事は、プロレタリア独裁は、議会主義的方法で登場する。それは確かに不可能ではない、しかし、それは非常にありうることではないということを前提にしている。しかしもし人がこの議論を詳しく検討するとき、次の結論に到達する。プロレタリア独裁の、すなわち、プロレタリアートによる政治権力の革命的奪取の可能な議会外的制度という事実は、デモクラシーの周知の本質を何ら変更するものではないということである。プロレタリアートによる政治権力の議会外的奪取という事実は、一体何を語っているのか。支配階級がかれらの支配を確立するために、経済的権力を最早もっていないということを、しかし議会内の権力配分はこの事実に何ら適合していないということを物語る。現実の力関係に適合した議会的状況の場合、議会主義的手段で達成できること以外、本来議会の外で、達成できるものは何もない。有名な言葉を変形して用いれば、他の手段を以てする議会主義の存続である。

いずれにせよ結局、プロレタリアートの勝利によってもまた階級支配の組織としての国家の性格は何ら変わらないということが、明らかになる。プロレタリア国家もまた階級国家であり、いわんや階級なき社会ではない、それはわれわれが先に述べた通りでもある。それはこれまで支配されていたプロレタリア階級が権力を獲得した階級国家の形態であるにすぎない。しかもそれ故にプロレタリア国家においてもまた、現実のデモクラシーは可能ではなく、独裁があるだけである。この独裁が古い社会の経済的階級対立を廃止し、それに代わって新しい連帯的社会の要素が作り出され発展させられる程度において、プロレタリア国家の政治的デモクラシーが、社会主義社会の社会的デモクラシーに転化される。ここにおいて始めて、もはや政治的独裁の余地はなくなり、ここにおいて始めて「いかなる階級も階級対立もないところにおいて社会的進化は政治的革命であることを止めるであろう」。

この点において、いまや全く特別に、マルクス主義国家概念、すなわち、国家は階級対立社会の形成体であり、それ故にすべての国家、したがってプロレタリアートの国家もまた階級支配の組織であらざるを得ないという国家理念の真理性が明らかになる。デモクラシーはその点において、それらが連帯的基礎の上に立脚しない限り、すなわちそれらが単なる政治的デモクラシーである限り、何物も変更することはできない。それ故に、エンゲルスもまた、かの有名なゴータ綱領批判の中で次のことを指摘した。そのことは今日まさに記憶の中によびもどす必要があるものである。すなわちこの国家支配の性格は、単なる民主的進歩によって解消されうるものではないということである。「国家は」とかれは書いている。「やはり過渡的な現象にすぎない、人はそれを闘争の中で、革命の中で、その敵を強力に抑圧するために利用する。自由な国民国家について語ることは全く無意味である」「プロレタリアが国家をさらに利用する限り」しかも自由の利益において国家を利用するのでなく「その敵の撲滅のために」。しかも自由が話題になりうるや否や、国家それ自体は存立をやめる。それ故にわれわれは、いたるところで国家に代って「共同体」を設定することを計画するであろう。われわれは、ここでエンゲルスが、ある現実のデモクラシーの内容と可能性を判断する際、連帯的社会と非連帯的社会の違いをつくったのを見ている。われわれのデモクラシーの概念規定はそこから出発している。この光に照らしてみれば、独裁とデモクラシーの間にある矛盾の現実的表象は、それらが現実にあるものであることが分かる。すなわちプロレタリア階級意識と闘争意識の有害な弱化に導かざるをえない有害な概念混乱である。この場において、再びマルクス主義理論のはっきりした洞察が登場せざるをえない。すなわち本来のデモクラシーの実現には他のいかなる道もない。ここでもう一度エンゲルスとともに語るならば「階級の廃止、およびそれと共に国家の廃止への過渡としてのプロレタリアートの政治的活動およびその独裁についての科学的社会主義の見解」以外の道はない。

14……階級勢力の均衡

われわれがこれまで説明してきたように、国家とデモクラシーについてのマルクス主義理論は、今世紀において、それは時代おくれだという特有の攻撃をうけた。つまり人々はそれを現代の国家的発展を通して否定できるものと考えた。何故ならば近代的国家の発展は、国家に対するプロレタリアートの関心を益々大きなものにしたからである。それ自体は正しいがこの診断は、階級対立の弱化とともに、その階級間の橋わたしの必要性と同置された。しかもこの見解は就中一つの重要な理論、すなわち、階級勢力均衡の理論によって、裏づけられたが、しかしそれは極めて誤った形でのみ結びつきがなされている。周知のように、オットー・バウワーは自らその最初の代表者の一人としてあげた、フリードリッヒ・エンゲルスに付随して、この理論をかれの書物「オーストリア革命」の中で説明し、やがてかれの論文「階級勢力の均衡」の中で詳しく説明した。この理論の主題は、次の点にある、国家はその発展史のいかなる段階においても、ある階級の他の階級に対する支配の道具ではなかったし、二つあるいはより多くの階級の権力が強力に成長し、それらのうちのいずれかが国家を単独で支配する事が出来るようなことはなかった。彼らの勢力は均衡を保ち、その結果、国家の執行権力は、あらゆる階級に対して自立すること、あるいはそれらすべてを同時に圧服することはできなくなったり、あるいは、互いに均衡を保つ階級が国家権力を分割した。たとえば前者は一七、一八世紀における絶対王政の没落であり、後者は一六八八年のイギリス革命後におけるイギリスにおける大地主階級とブルジョア階級の間の権力の分割である。現代もまた、もう一度、あらゆる国々における崩壊もしくは終戦後、ブルジョアとプロレタリアの階級勢力が均衡を示している。このような状況において、一階級の国家に対する支配は効果を現していない。

このことは、国家の独特な新しい形態とプロレタリアの政治に対する新しい任務が増大するという結果にみちびいている。われわれはそれについて、さらに語らねばならないであろう。しかし前もって、この理論の一般的な見解の中に根づいている矛盾・無知のすべてを取り除くことが必要である。われわれは、この場合、マルクス主義国家理論の階級革命的意味の放棄が不吉な影響を与え、それらはまた、直ちに、その理論の個々の深い個性を浅薄にし、その本来の意味を完全に奪っているのを見ることができる。

以下の見解は階級均衡の理論を直接その反対のものに転換させることに導く、主として二つの基本的な誤解である。すなわち階級勢力均衡はそれ自身において階級対立の「平均化」を含んでいる、しかも階級勢力均衡の段階は「継続状態」であり、それはデモクラシーの達成された高さの表現にすぎず、この段階は社会的調和の一段階に、またそのことによって社会主義への移行の一段階になるというものである。

まず第一の誤解に関連して述べると、均衡の論理的概念並びに階級均衡の個々の例の歴史的考察からして、次のことが発生する。これらの均衡は階級の平均化、その接近あるいは和解を意味すると考えるのは、この概念および事実のもっとも大雑把な認識であるということ。すでに均衡の概念から次のことが発生する。これらのことは「相対立している諸勢力」はお互いに妨害と闘っているところに存在するということである。それはすでに均衡の典型的な例の場合、すなわち、秤の場合が示している。一方の秤皿の錘は、他方の秤皿の錘を、かれの固有の運動と相反する方向に動かそうとつとめる。他の錘も同じことをする。この相対立する運動を通じてのみ、同じ重さの場合秤は安定する。したがって、すべての錘はその「固有の運動」に従うことによってのみ安定化する。錘は生命なきものであり、それ故に、彼らの力のつり合いは、その平均化を混同することはできない。しかしながら、それらが意識をもち、それとともに自ら誤った能力をもつと仮定しよう。そうすると一つの錘が他の錘との均衡を得ようと運動し、他の錘との適切な均衡をせざるをえない。したがって、他の錘もこの方向において作用しようと高くひき上げようとする。そうすると同じ瞬間において均衡は消滅する。階級勢力の均衡は、次のことからのみ発生する。すべての階級がそのすべての階級的利益および階級的意思が、それがうまくいく限り通用させようとすることによって生ずる均衡は、したがって、階級闘争の中止を、ましてや、その弱化を意味するのではなくて、反対に、階級闘争のもっとも強い進行を意味する。何となれば、ある階級がその階級的利害を見放し、かつそれ故にその背後においてより小さな階級的意識および独自の小さな階級権力が設定されるその瞬間において、かれらの階級的勢力は小さなものになり、階級勢力の均衡は、他の階級の優越権力に転嫁する。人々はそれ故に、階級勢力の均衡の段階において階級闘争は潜伏したと決していうことは出来ない。階級闘争はある瞬間に消滅したのではなく、また消滅する筈はない。それは階級の階級意識的抵抗の中に存在し、それらの組織された展開、その用意の出来た活動の中に存在している。

プロレタリアートにとってこのことは次のことを意味する。必然的な前提としての階級勢力の均衡は、プロレタリアートの革命的準備であり、言い換えれば、組織的な、特に意識的な心構えを意味する。階級勢力の均衡は、それ故に、妥協へ導くことがあるが、しかし、それはそれ自身階級の妥協そのものではなく、それらの接近を意味するものではなく、かれらの間にあるもっとも烈しい緊張関係であり、すべての均衡関係はその性格において、緊張関係である。階級勢力の均衡について語る代わりに「階級勢力の同等な緊張」という表現を選択する方が、よりよいであろう。正確には、フリードリッヒ・エンゲルスおよびオットー・バウワーが本来考えたことには正確に対応するこの表現は、はじめから、この学派の不愉快な誤解を不可能にするであろう。なかんずく、それは、デモクラシーの本来の成果としてみなされる階級間の仲裁という局面についてのプロレタリアートにとってきわめて有害なイデオロギーを、プロレタリアートに接合できるということを妨げるであろう。

階級勢力の均衡状態は決して永続状態ではなく、したがってプロレタリアが獲得に努力すべきもの、あるいは維持しようとすべきものでは全くなくて、プロレタリアートがかれらの意思なくして社会的発展の力学によって達成される状態である。かくてこのような状態において、なるほど階級勢力は均衡状態にあり、それ故に瞬間的平静状態にあるといえるが、しかしそれは、プロレタリアートの階級精神が一つの似たような安定状態におちいっていいということを意味しない。それ故にプロレタリア大衆が表面的には必要な政治的手段と任務の単なる現在の価値を正しく理解するために均衡段階にあって、社会主義教育および啓蒙によって大衆の革命化が、他の時代以上に、欠くべからざることにある。恐らくは、それは困難な任務である。しかもそれは社会主義的感覚がなければ、革命的階級意識の育成がなければ、困難であるにすぎない。

もしこれらが維持強化されなければ、プロレタリア勢力を現代の任務のために、強力に投入し、同時にその意識を、これらはわれわれの本来の任務ではない、われわれがこれのために、道を自由ならしめるために自ら引き受けるものであるとの意識を結びつけることが可能である。このようにしてのみ、プロレタリアは、階級勢力の均衡を、「かれらの」意味において克服することが可能である。しかしこの場合に備え準備しなければならない。「一体」とオットー・バウワーは書いている。「経済過程そのものが階級間の権力関係そのものをくり返し混乱させるのであるから、結局不可避的に、均衡関係が止揚され、しかもブルジョアジーの階級支配にもどること、プロレタリアートによる政治権力の奪取との間の選択が残される瞬間が到来する」。

したがって、階級勢力均衡理論がどのように理解されるべきかに疑いはない。それにもかかわらず、それが誤って理解されうるとすれば、それは就中次のような思考方法にある。それは一般にマルクス主義国家論の革命的階級的立場をすでに失い、それ故に、社会愛国主義といわないまでも社会平和主義的連合を、自明なものの如く、この理論の概念の中に混入させるものである。しかし部分的には、オットー・バウワーの場合の説明のある部分は確かにいくつかの点でそれを行っている。私はそれとともに、恰も、国家は他の階級の抑圧・搾取のための一階級の支配の組織であるというマルクスの理論は、単なる出発点の真理であり、のちの繊細な分析によって空洞化されたと考える。それは階級勢力均衡の産物である国民共和国という最高度に問題のある概念と同様の印象を与える説明を思いだす。

すでに「オーストリア革命」という著書の中で、オットー・バウワーは次のように語っている。国家はブルジョアジーの階級国家であり、政府は単に支配する階級の執行委員会であると考察されるという見解は、「始めて目覚めたところの、自らを組織し、始めて闘争の中に登場したプロレタリアートの精神的要求に対応した理論である」と。しかもまた「階級勢力の均衡」という論文の中でも、オットー・バウワーは「共産党宣言」からの有名な文章を「現代国家権力は、全てのブルジョア階級の共同の業務を管理する委員会にすぎない」を「労働者大衆を始めて階級闘争に自覚させることが重要な場合にあって、さしあたり十分な」ある普遍的命題として指摘している。このことは、オットー・バウワーが語っている繊細な分析が、この普遍的な命題の真理を無効にしているかのように、不思議にも理解されるであろう。

人は全く次のことを見すごしている。オットー・バウワーは、かれが、ブルジョア社会およびその中で発展した国家の階級的性格についての基本的考え方を、出発点の真理として特徴づけており、このことは同様に「教育学的」意味においてのみ考えられたのであるが、しかし人々が後に放棄し、または放棄せざるを得ないで出発点としてではないということである。事実プロレタリアートが政治的経済的になお全く無知であり、官憲的で祖国愛的イデオロギーの伝統にとらわれていた時代に、国家の階級的対立性が歴史的現実の中で展開しているすべての変種と歴史的からみ合いのすべてを把握し、評価すること、人々はプロレタリアートにまだ要求することができなかった、まさにこの困難な関係を後に現実に理解することができるために、まず第一に、階級分裂の存在についての「基本的方向づけ」一般が獲得されなければならなかった。

これらの古典的国家は普遍的利益を獲得するための組織ではなく、何よりも支配階級の保護、代表のための組織であるというプロレタリアートの見解が原理的にまず与えられなければならない。そのことは、物事を極めて単純ならしめることを意味するのではなく、複雑な事情の中にあっても、もてるものともたざるものという単純な階級対立の基本的認識を失わないことを意味する。

この基本的な見解の内部において始めて、階級勢力の多様な営み、支配階級そのものの内部における経済的利益の分化と対立について、対立する権力集団の一般的な協力に対する視点が尖鋭になり、理解が目ざめさせられることができた。かくてそれ故に、労働者階級が問題にしなければならない国家はブルジョアジーの国家であるという命題は、それが「共産党宣言」起草の時代にはそうではなかったように、その時代には正しくなかった。しかしたとえば、この時代にイギリスを別にして、宣言がかいている階級意識をもつプロレタリアートは、なお、存在もしなかった。これらの古典的な文書がその出版以来世紀を超えて生き続けている文書になり、それは、後の歴史的出来事およびまたわれわれの現代を実現し完成へと導く筈のものにした社会的発展方向と壮大な特質において示したことは、まさに偉大なことである。その上オットー・バウワーもまた、先に述べた「共産党宣言」の言葉を、事実を通して否定されるものと指摘したかったばかりでなく、カール・マルクスによって提示された発展の傾向として表示した。この関連の中で決定的なことは、プロレタリアートが闘う国家はすでに言葉の本来の意味においてブルジョアジーの国家であるかないかに関連するのではなくて、「それは一般的に階級国家である、すなわち階級関係を維持する組織」であり、しかも、階級たとえ階級勢力均衡の段階を「取り扱うにしても、階級国家に止まっている」ということである。

しかしながら勿論われわれはここにおいて、オットー・バウワーの場合に、注目すべき次の文章を読む。すなわちたとえばブルジョアジーとプロレタリアートの間の均衡の場合、ブルジョアジーの国家ともプロレタリアートの国家とも名づけられない場合、このような状況の場合、国家は階級国家であることをやめる。そこで「オーストリア革命」の中でプロレタリアが強力になり、その信託する人々が政府の中にあって国家を指導することができた変革直後の国家について次のように語られている。「共和国はこの段階において階級国家ではない。すなわち一階級の他の階級に対する支配の道具ではなく、階級間の妥協の産物であり、階級勢力均衡の結果である」。しかしそれ故にオットー・バウワーは国家のこの形態を「国民共和国とよんだ」。われわれはすでに、単なる民主的国家形態の中に、このような国民共和国が実現されているのをみる小市民的幻想にかれが警告を発しているのをみた。オットー・バウワーはいう。「デモクラシーの形式的な法の平等からではなくて、闘う階級の現実的権力平等の中からのみ国民国家が登場する」。

国家は階級勢力の均衡の段階では階級国家ではないという命題は、したがって自明なことに、それはある一の階級の「政治的」表現および「政治的」道具ではないと理解されるだけである。しかしこのことは、国家は経済的には後にも前にも階級支配であるということを何ら変更するものではない。階級対立は、まさに第一に経済的概念であり、しかもマルクス主義の意味における階級形成の産物であり、それによって条件づけられた社会構造の産物である。それ故に自明なことに、一七世紀及び一八世紀の絶対主義国家並びに二つのナポレオンの国家は、たとえ、政府形態が本質的に闘う階級の均衡から発生したにせよ、階級国家である。しかもこれに劣らず、それは、オットー・バウワーの説明によってもまた、オーストリア国民共和国はそれである。国家の階級的性格は資本家的搾取関係が成立している限り少しも揺らぐものではないことは問題外のことである。生産が利潤創出に役立ち共同体の要求に役立だってない限り、プロレタリアートの全生活、それと共に社会政策的成果が存続する。それらは階級の均衡状態の中で実現されうる、まさに「共産党宣言」の中で語られているように「人々が労働を見出す限りでの生活、しかもかれらの労働が資本増殖する限りでのみ労働を見出す人間の生活」である。それ故に、階級勢力の均衡状態にある国家はブルジョアジーの国家でもプロレタリアートの国家でもないということ、その点でバウワーは完全に正しい。もしそれと共に階級の「政治的」支配形態だけが考えられ、それはこの段階では何ら階級国家ではないと理解されてはならない。われわれは、依然として国家の法的形態は生産手段の私的所有およびブルジョア的家族制度の基礎の上に立脚しているが故に、単純にそのように考えない。なんとなれば階級的性格の止揚のために法的基礎の変更が重要であり、不可避であるので、やはり社会主義的社会確立は単なる法的規制の問題ではなく、プロレタリアートによる社会の経済的諸力の所有が問題だからである。

しかしながらこの経済的諸力の管理は、まさに階級勢力の均衡の段階では、所有する階級の手にある。階級勢力はまさにこの階級の経済的権力がなおも壊れていないということによって発生する。しかもここでは経済的権力は完全に政治的手段によって支配されていること、しかしこのことは唯一の支配手段でないということが明らかになる。しかもこのことは、ついでに注釈すれば、いわゆる労働者政府、すなわち社会民主党だけから成り立つ政府は、それらが社会民主党的多数に立脚することができても、しかし社会主義的政府でありえない。プロレタリアートが国家内の経済的権力を自分の身に引きつけるほど十分に強くない限り、決して社会主義的政府ではありえない理由である。

そこからやがてすべての労働者政府の歴史的悲劇が発生した。それは一定の内政的状況によって必然的とならざるを得ないもので、それらもまた「ブルジョア国家の管理」にすぎざるをえない。勿論非常に急進的な労働者の利害の保障および促進を伴うが、しかし同時にまた「国家の必然性」を代表することが要請されるからである。それは所有する者たちの、また資本家的経済秩序の階級国家の必然性である。われわれは、したがって、国家は、あたかも一階級あるいは他の階級の支配組織であるにすぎないという、マルクス主義国家理論の浅薄化に対し警戒しなければならないであろう。われわれは、階級勢力の政治的均衡の時代において所有する階級の経済的社会的支配およびそれとともに、国家の階級的性格そのものは除去される、あるいはまた緩和されるといった、この理論の揮発化に警戒しなければならない。しかもそれ故に、国家は階級勢力の均衡状態においては階級国家ではないという表現は避けなければならない。

しかし国民国家という表現もまた非常に誤った説明である。何となれば、それは国民共同体の理念を伴っている、したがって、その構成員の全体を統一的に代表している国家の表象、簡単にいえば、連帯的社会の理念を伴っているからである。「国民」（volk）という言葉は、正確にいえば「国家」（Staat）「ネイション」（Nation）「祖国」（Vaterland）等々の言葉と同様に、あの普遍的概念に属している。それはブルジョア的なものである、何故ならば、それらは、かれらの階級的関心をある普遍的利益という覆いをもって隠すのに役立つからである。しかしそれはマルクス主義的用語においては、出来るだけさけるべきものである。かくて例えば、オットー・バウワーは、かれの「国民性問題」に関する基本的な書物の中で、ネイションという概念は、ブルジョア的イデオロギーの意味において、すでに存在する文化的に普遍的なものとして存在するものでなく、これは階級対立の克服によって始めて可能になるであろうということを立派に説明している。国家内における「フォルク」（国民）は今日では単なる法律的概念、国家国民ではなくて、ブルジョア社会の代表者および弁護者の公的雄弁の中での政治的空言である。マルクス主義国家論の立場からは、社会が階級対立で分裂している限り、いかなる国家にも一国民、いいかえると一つの国民、連帯的な生活および文化共同体は存在せず、一つの国民共和国について語ることはできない。なんとなれば、オットー・バウワーが書いているように、その本質は、一つの「国民の全体」を包含しているということではなく、次のこと——階級社会においてもまた他の異なったことは可能ではない——、すべての階級が国家権力の形成に参与しているということにのみ存在する。しかし国民全体の理念は全く異なったことを意味している。それらは諸勢力の単なる集合の結果ではない、したがって本来は、これらの勢力は相互に弱体化するが故に、単なる結果として生まれるものではなく、反対に、統合、すなわち、無数の同等の利害および努力のある強力な集合への一体化、融合であり、そこでは個々人が自ら代表され、促進され強化されているものである。それは「ヴォランテ・ゼネラール」（一般意思）の遠大な理念であり、われわれがすでに考察したように、ルソーがその上に唯一デモクラシーを根拠づけることが出来たものである。それのみが始めて統一的国民の概念、国家および国民全体の概念をつくりだすものである。しかしそれは、生活利害において連帯的な、すなわち階級なき社会のための理念的表現以外の何ものでもない。

国民（フォルク）という言葉の政治的使用方法は勿論ある。もし人が始めてそのことについて理解したとすれば、国民共和国という概念には少しも論議の余地はない。それは勿論、フォルクという言葉の意味であり、それはフランスの言葉ピープルに言葉の意味において対応する、この言葉はその意味において革命運動の中において１８４８年まで使用された。プロレタリアの経済的概念は、マルキシズムによって始めて形成されたが、そのように明白に形づくられていなかったので、ピープルという言葉はなおも一階級を意味するものでなく、しかし働く国民の大きな大衆、並びに手工業労働者、頭脳労働者並びにプロレタリアート、並びに支配階級と鋭い政治的社会的対立にあった小ブルジョアおよび自由職業者を意味していた。しかもこれらの階層は住民の広範な圧倒的多数を包摂していたので、人々はかれらを「フォルク」と呼び、権力を獲得しようとするその要求を国民支配の要求とみなした。金融界、産業界、高級軍人、高級官僚が国家を支配し続けるべきでなく、「国民」が支配すべきなのである。それは、すでに指摘したように革命的運動が一八四八年に至るまでデモクラシーと結びついていた本来の意味である。しかもこの意味において、人々は、「住民」すなわちわれわれの今日の階級的考察にとっては主としてプロレタリアートが、国家的政府および行政に決定的影響力をもつことが出来るのであるから、国民共和国について語ることができる。この「フォルク」共和国は、なるほど確実に国民全体の共和国ではないが、それはこの名前を前例なしに受け入れるのではない。何故ならば、それがその成果を確定することが出来るとき、かかるものへの途上に立つからである。しかも人々は次のことがわかる。この国民共和国は、「国民」すなわちプロレタリアートの階層の中になおも存在しない国民全体の精神によってではなく、ある和解しがたいプロレタリアートの階級闘争の精神によって満たされればされるほど国民共和国が広範に稠密になる。

それはとにかく、オットー・バウワーの場合その説明の中で、同様に本来のオーストリア国民共和国の性格を創り出したものである。「それは一九一九年から一九二二年のオーストリアにおいて議会制デモクラシーの結果ではなくて」、まさに逆に、機能的デモクラシーの結果であり、それによって議会制デモクラシーは制限され、しかも整理された。それはブルジョアジーの議会多数派が、階級支配を確立するのを、制限したプロレタリアートの「議会外権力の結果である」。ここで語られているところの、さらにのちの総括の中でふりかえらなければならない機能的デモクラシー、それは様々な経済的利益団体、就中プロレリタリアートの利益団体による国家政府の管理である。そのことは、したがって、以下のことを意味する。プロレタリアートが、その労働組合、共同組織、政治的組織を通して、さらに、特に防衛力において、ある強力な組織的支持をもち、国家内において、高い程度において特殊な階級利益を、非民主的形態において通用させる可能性をもっていることを意味する。

それにも拘わらず、結局、現実における「国民国家」の状態は、一つの「革命的」状態としてのみ可能であるということである。それは本来もはや単なる階級勢力均衡ではなくて、所有階級の全体的な動揺および自信の完全な喪失の故に、プロレタリアートの影響力の強力な増大という変革後の状態である。

したがって国民共和国の概念はまた、人々がむしろ避けなければならないものとして、われわれに提示される。それは「自由な国家」「国民国家」のようにマルクス・エンゲルスが精力的に拒否した概念に属するものである。何故ならばブルジョア社会内部における国家の階級的性格について広範な大衆の判断を迷わすために適しているからである。国民全体の支配の意味における国民共和国は、われわれがみたように、資本主義世界の内部においては不可能であり、ここにおいてだけ成立し、成立することが出来る国民共和国は、働く国民の革命的進出の結果であったし、階級勢力の均衡が短期間プロレタリアートの優越の意味において克服された段解であった。

しかも結局正しく理解された階級勢力の均衡状態をつくりだす決定的なものは、何ら永続状態ではなく、追いつめられた勢力によって、絶えずあちらこちらにおいつめられるという状態のことである。かくしてオットー・バウワーは次のように書いている。「事実このような均衡状態は階級を継続的に満足させるものではない。すべての階級は階級勢力の均衡の状態をこえて、かれらが支配することが出来る状態になるよう努力する。いいかえると、すべての階級の均衡状態は『復古の傾向』をもち、その中に『革命への』行動の準備された『傾向』がなければ無条件に反動に通ずる。それ故に、階級の均衡はプロレタリアートにおいて、革命的階級意識にとってどうでもいいことのように理解されるとすれば、同じ瞬間において均衡はすでにプロレタリアートの害毒に堕してしてしている」。

これらすべての説明とともに、今やまたわれわれはあたかも階級勢力の均衡はある特殊な機能、そればかりでなく、デモクラシーの完成であるかの如くにいう、この章の導入部分において指摘した第二の誤解をくりかえすことになる。われわれは今や次のことがわかる。これらのことによって全く何ものも作りだされない、何故ならばそれは、単なる形式的デモクラシーの修正として現実的になるのだからである。階級均衡の理念は、形式的デモクラシーとは何ら新しい内容を与えることはできない、それによって、形式的デモクラシーは、単なる形式的な性格を失うだろう。しかしながら、それらを正しく理解すれば、形式的デモクラシーの課題評価を克服し、プロレタリアにとって本来大切にしなければならないこと、すなわち、かれらが操作できるすべての手段にしたがって議会外的、デモクラシー外的手段をもって権力闘争をすることを前面におし出すことを助けるものである。

15……経済的デモクラシーについて

政治的デモクラシーの単なる形式的性格と闘うだけでなくこれを克服する現実的方法として、経済的デモクラシーの名のもとに全体の変革の方向を統合していこうとする努力が重ねられている。これらの努力にはある共通性が見られる。すなわち、政治的代表の組織としての立法権を、経済的利益のための民主的代表組織をつくることによって補完しようと努めていることである。いわゆる経済的組織への要求を強力に押し出そうというのである。その過程で、単なる政治的デモクラシーに対する批判的な雰囲気が醸成されてきている。

なかんずく、デモクラシーを立法の範囲に制限することは、必然的にデモクラシーを不完全なものにせざるを得ないという認識が増大していることである。権力分立についての自由主義的自然法の尊敬すべき理論、それは立憲的デモクラシーの主要な柱であり、しかもブルジョア層が議会を支配するが、しかし君主は前々から軍隊および行政内の貴族とともに正当にも無視されることを可能にした。今日人々が知っているように、それは、イギリス憲法についてのモンテスキューの誤った見解から生まれたものである。イギリス憲法は権力分立を厳密に導入したものでなく、反対に地区（伯爵領）の民主的自治行政に立脚するものであった。しかし最高の政治的代表体すなわち議会においてすら、行政はすでに、内閣府、したがって執行権力の担い手は常に議会によって規定され、それに依存するというものであった。

すでにロータル・ビュヘルが、かれの、とくに、イギリス議会制度の歴史にとって興味ある文献「議会主義、いかなるものであったか」の中で次のように述べている。すなわち、権力分立の理論を正当にも「形而上学的幽霊の一つである、われわれの周りを徘徊し、うちこわしている、われわれ自身が再び方向を失う前に、墓場の吸血鬼のように、杭で取り囲まなければならない、人間は機能を分割することができる。権力は分割できない。それは法律あるいは恣意の中で安定する」と。

実際のところ、デモクラシーは、国家市民の全体がなるほど平等に立法のために召集されるが、法律の実施および適用の面でそのような影響力はもたないというのでは意味が失われてしまう。したがって実効的権力および裁判的権力はまた国民全体の意思に従わせなければならないし、行政および司法もまたデモクラシーの管理統制下におかれる可能性が成立しなければならない。しかも、そのことは、デモクラシーがまた行政・司法の機関を決定すること、簡単にいえばすべての国家的生活が民主的組織の上に立脚するときにのみ可能である。かくて、国家・地区・市町村において国民に異質なもの、しかもしばしば国民に敵対的官僚もまた民主的基礎に立脚する「自治行政機関」によってとりかえられるという要求が発生する。しかもこの自治行政において、やがて、経済的利益は、よりよい配慮を受けることにならなければならない。なぜならば、代表体そのものの中においても、とくにまた官吏の任命においても、専門的知識および専門的関心が通用しなければならないからである。

確かに、権力の分割を、デモクラシーを害する原理として克服しようとする努力は、非常に正当であり、単なる形式的な形態から内容的に実現される社会的形態に発展する方向にある。この後者は、その法律を決定する同じ共同体がまたその執行を手にし、したがってまた執行権力を所有しているということを前提にしている。完全なデモクラシーには、単に民主的立法だけでなく、また民主的な行政が属している。しかしながら、デモクラシーを害する権力の分割は、人々が政治的利害の代表者としての議会に並んで経済的代表体を構成することによって、克服することが出来ると考えたならば、それはこの目標に通ずる道ではない。これらの見解によれば個々の職業集団および利益手段は、それによって公の立法および行政に影響を与えることができる固有の自己管理組織をつくらねばならない。この考え方の方向には、結局あらゆる職業および労働組合会議所、労働者会議所、商業会議所、農業代表者およびその他の身分団体の中の労働分野の議会とならんで、あらゆる経済的事項に立法府をもって登場する経済議会がつくられるべき公的＝法的組織を促進するという考えがある。

しかしながら、われわれはこの方向にこれ以上かかわる必要はない。何故ならばそれはデモクラシーの立場からは、危険な道だからである。それは民主的な組織に公的権力を結集することに導くこともなく、逆に、それは経済的利益集団を議会と並んで現象化するだけで、現実には政治的デモクラシーに「反対して」組織することを企てることによって、さらに大きな分裂に導くことになる。しかもこのことは、すでに考察したように「国民経済」の利益にはならずに、もっぱら特定の経済層、すなわちこれまで国家を支配し、今やその影響力をまさに政治的デモクラシーを通して脅かされていると感ずる層の利益になるだけである。職業身分的代表および経済議会の思想が、反動的および反プロレタリア階層の中に、今日非常に大きな反響を見出しているのは、決して偶然ではない。何となればそれは社会主義的労働者層の投票権の増大に対するおそれ、したがってプロレタリア多数に対する恐怖以外の何ものでもなく、単なる政治的デモクラシーを経済的代表体によって補完しようという勢力によって変装しているものだからである。現実には政治的デモクラシーの改善が問題なのでなく、その弱化が問題なのである。

さらに、われわれが、このような努力の際、今日その渦中に立っている高度資本主義への発展を通して、いずれにせよ克服されなければならぬ。小市民的ユートピアが問題であろうと人々は信じていない。逆に企業家達の強力な権力組織の登場および発展は、経済的代表体による、国家的意思形成の補完への要求に、全く新しい意味が与えられることになった。この場合、誰が国家を支配しなければならぬか、この際決定闘争が問題になることはますます明らかになる。普通選挙法による議会、あるいはカルテルおよび金融資本の組織された経済権力か。

しかもこれは今やわれわれを、経済的デモクラシーという言葉の別の意味に導く、それは事実上デモクラシーの発展の方向において、ある内容的に矛盾のない形態を刻印したもの、つまり、資本の経済的優越およびそれとともに、デモクラシーに衝突する生活状態の不平等を経済的大衆の力の組織によって破壊することをねらった概念に導くのである。ある特権的身分の政治的特権と不正が、これまで権利のなかった大衆の法的平等への台頭によって除去されると同様に、組織された高度資本主義の経済的寡頭制が経済的指導の独占の除去およびまたそれらの民主化の進展によって、無害にされねばならない。しかもこの課題は、いまや、全面に登場した、何となれば、ルドルフ・ヒルファーディングがすでにかれの基本的著作「金融資本」の中で指摘し、それ以来くり返し説明されたように、資本主義の経済的発展そのものがその解決を緊急に要求している。すなわち、資本主義経済のより古い時代は、それが生産と交換の制限なき競争を伴っていることによって特色づけられており、かくて、あらゆる社会主義的批評家によってくりかえし指摘されたその性格、完全な無政府、すなわち経済生活の計画および秩序の喪失は、高度資本主義の時代に全く本質的に変化した。このことは、ますます大きくなる生産の集中、同時に同じような企業の強力なカルテルに統合するという意味において、並びに、また異なった互いに支持し補完しあう企業の一つの手への集中によって特徴づけられる。このような方法によって、以前互いに闘いあった経済分野がますます密接に結合し、それにつづいて、生産企業および手工業企業と大銀行とのより一層の融合が続いた。ヒルファーディングは「自由な競争は、資本主義的独占の形成によって益々強く止揚され、しかも資本主義的生産様式の無政府制は資本の組織傾向そのものによって克服された」と総括した。

それは、従って高度資本主義の経済状況における新しいものであり、しかも戦争前から準備され、資本主義の高度保護政策によって促進されたし、されているものである。資本主義的生産様式は最早必然的に無政府的なものでなく、逆に、それらはその集中的傾向を通して企業の集中的結集をつくり出し、カルテル・コンチェルン・生産および分配の官庁を通じて、一つの経済的秩序をめざした、それは財貨の生産および分配のみならず経済で働くすべての労働者・事務員の地位・取り扱いに関係した。チャールズ・フーリエが、かれの多くの天才的な先見の中で、資本主義の必然的な発展の産物として前以って語ったこと、すなわち郷土への結合の新しい形態、フーリエが名付けたように一種の商業的封建制は、今やすでにはっきりと現われている。否すでに高い程度に実現されている。何となれば、トラストあるいはコンチェルンの権力が及ぶ限り、これらの権力領域内における労働者及び勤労者の移転の自由は止揚されている。しかも、それらの組織された資本の傾向の中に、これらの権力領域を企業家組織の影響の永続的拡大によって、またかれらの間の「友愛的な」理解を通じて、できる限り経済的生活領域一般への拡大がある。

さらに今や、すべての問題の重要点がここにある。ヒルファーディングが、このことをハイデルベルグ党大会で指摘したように、現代資本主義を疑いもなく、ますます強く貫徹せざるをえない経済生活の組織が、資本家たちの寡頭制に有利なのか、あるいは普遍的なものに有利なのかが問題なのである。しかも、これらの問題の決定に、働く大衆の生活運命のみならず自由な人間文化発展もまた依存しているのである。なぜならば、人間は、資本主義に有利な経済の組織が、必然的にプロレタリアートの貧困な状態と必然的に結びつくべきでないということを鋭く目に浮かべるべきである。さらに、反対に、組織された資本主義が「かれの」労働者および勤労者のために、労働条件の改善、食料品の値下げ、安定した住居の創出、さらにそればかりでなく、福祉制度（図書館、劇場、保養施設、幼稚園等々）の確立を高い程度で実現できることが、ありうることである。それらすべてのことは、かれらの労働者および勤労者の「満足」のうちにかれらに十分な利益をもたらすであろう。もし、人がさらにそれに加えて社会保障制度、その費用は、組織された資本主義が、プロレタリアートの労働条件および生活条件の改善を通じて、その際かれの危機を縮小出来るのであるからなおさら、国家の強制なくしても、支払うことができる社会保障制度を受け入れるならば、労働者および勤労者は、疾病・災害・廃疾・老衰に対して、十分に保護され、しかも全体としてある安定した公務員の存在をもつことができるであろう。勿論これらすべてのことは、かれの自由な自己決定を完全に放棄することによって支払われる。かれは、生活のよい使用人および恐らくはこのようなものの意向をもつだろう。私は組織された資本主義がこのような結果になることは、ありえないと考えている。

なんとなればそれは、種々の国民経済領域の国際的統一を前提にするし、さらに同時に経済領域の経済的拡張努力は、つねに繰り返し資本主義諸国家の「諸国民同盟」をうちこわすだろうからである。高度資本主義の組織傾向は、かれらの奴隷に平和を保障し、それによって、立派に養育され、取り扱われる労働家畜の存在を保障するほど強力ではないという理由から、このような完全な産業封建制という表示は単なる悪夢として現れる、しかし、このようなものの十分な実現は、資本主義の組織傾向が矛盾なく貫徹できるとするならば、経済生活が歩むであろう途上に残されている。

しかもこの点において、次の点が指摘される。プロレタリアの社会主義は決して単なる暮らしの関心だけではない。単なる物質的利害運動では決してない。敵対者が好んでそういうものだと主張するが、福音書の不思議な言葉「人間はパンのみにて生きるにあらず」は、福音書の多くの他の真実と同様に、革命的プロレタリア社会主義の真実でもある。しかも、自由への努力、自由な人格の完全な形成という理想は、前々からトーマス・モア、チャールズ・フーリエ以来社会主義的台頭の本来の推進力であった。かくて「共産党宣言」の中で、労働者階級が追及しなければならない目標について次のように語られている。「階級対立を伴った古いブルジョア社会の場に、一つの連合が登場する。そこでは（各人の自由な発展）が万人の発展の条件である」。それがなおも未発達な、しかも大きな経済的貧困の中で生活しているプロレタリアートの段階で、なかんずく、状態の改善への望みであり、しかもあらゆる人々の平等の理念にくるまれたものであれば、経済的に高められ、自意識をもったプロレタリアートは人間および自律への完全な自由を目指して努力する。それ故に、オットー・バウワーが、自由の理念を前面に押し出すことは、より高度に発展したプロレタリアートにとって固有のことであると指摘したのは正しいことである。オットー・バウワーは「自由への衝動が今や人格的に成長した労働者を社会主義に導く」と書いている。

この自由を基礎づけることは、今日経済的デモクラシーの意味である。自治・政治的自治行政の古い母国であるイギリスでは、「産業的政府」、産業の自己管理へのプロレタリアートの要求もまた発生した。生産デモクラシー、工場デモクラシーは今やデモクラシーの古い考え方に対する新しい表現になっている。それは始めてその現実的内容をもたらした。生産者および消費者自身による生産および消費者自身による生産および交換の運営の自己決定、しかも結局は生産および分配の、この目的のために新たにつくられた自己行政体、これらの理念の非常に意味のある理論的代表および実践的適応はイギリスのギルド社会主義である。

しかし、われわれは、経済的デモクラシーの理念がすでに今日完全な実現を見出せず、しかもそれへの道に大きく歩みを示したあの形式にかかわることを先ず取りやめよう。私は「法律的基礎に立つ企業審議会」の制度をかんがえている。オーストリアが一九一九年オットー・バウワーの革命的行動力によって先行された企業審議会の立法によって、資本主義的経済的秩序の転覆のために、現実に強力な歩みがなされた。そのすべての意味は残念ながら、労働者には、それが現実にあったように理解されていない。まず第一に資本主義は工場における経済的持主権において、その独自の領域に制限されており、労働者および勤労者の法的共働と結びついている。さらに経営者は選ばれた代表によって、すべての労働契約および資金に関する事項において、情報においては限られた方法で、共に決定した、しかもまた企業運営および企業計算に対して影響を与える可能性は、精力的で事情に精通した、しかもその立場を自覚した企業審議会には不可能ではない。そればかりでなく、かれらは、資本主義の職域において、株式会社の行政審議会において、同権の行政審議会として、参入した。

しかしながら、これらの制度の中で、次のことがもっとも明瞭にしめされている。デモクラシーの個々の概念は、したがってまた経済的なものの概念は、もしそれがあたかも、資本主義経済秩序の内部において満たされることができ、それらをより公正に、より自由に形成する作用をもつ課題をもつように把握されるならば、矛盾にみち、作用力のないものになる。経済的デモクラシーもまた階級社会において実現できない、それらはむしろ必然的にここからぬけ出して、一定の領域をもってのみ解決される、それはすでに理念的に階級社会によって解体される、しかし絶対的対立性を以て、それに対峙する。それ故に次の結果が帰結になる。経済的デモクラシーの理念を実現する最初の大きな大衆的突撃は、階級国家に対抗する革命的意識および社会主義の新しい形態に流れ込む、そこではギルド社会主義、経済的デモクラシーおよび資本主義的国家の克服は、同一の問題の二つの側面にすぎない。

しかも実際、このプロレタリア的＝階級革命的基本的立場がなければ、経済的デモクラシーのすべての制度は、直ちに反対に転化する、すなわち同業組合、身分エゴイズム、経済的特殊利益、最後に資本主義的利益との狭量なからみあい。そのことを人々は企業審議会制度の場合によく見かけることができる。法律の條章からも、革命的労働者からも発生しない本来の意味における企業審議会の任務は、これらの精神によってみたされている企業審議会によってのみ現実に把握され、実行される。企業審議会の共同創始者であるヘルジナンド・ハヌシュがかって次のように書いている。労働者階級の社会的台頭に対する企業意識の特殊な効果は、「労働者階級の信頼の担い手が、その高い使命を、道徳的に成長させている」ことを勿論前提にしている。労働者大衆そのものも、また選ばれた企業審議会も、かれらにとって把握できるであろう一握りの経済的権力を十分に使用することがなかったという悔みが、しばしば出され、しかも非常に正当である。企業審議会制度は、企業指導の前提および条件の中でかれらの代表によって生産機構への洞察を獲得しつつ生産における資本の専制主義の破壊を目指し、同時に社会の社会化のためプロレタリアートの精神的道徳的準備をめざした。企業審議会は、企業集会において、かれらの経験をつたえ、語り、しかも相互に説明を与え、受け取りながら、すべての階級が自己学習をし、生産を引きうけるという歴史的課題を教育しあった。一方における大衆のこのような教育、他方において資本主義的生産の内部におけるプロレタリアの管理の中で、労働者階級の革命的審議会運動の偉大な歴史的内容が国家に強制された法的制度の中に移し替えられるべきであった。

　しかしながら、企業審議会の意味に対するなおも多様な理解が不足したことばかりでなく、われわれがある不可避的な前提として語ったあの革命的プロレタリア階級意識の欠如により、それがありえたもの、またありうべきであったものに、いたるところでなりえなかった。なんとなれば、これらが欠如したところでは、個々の企業審議会は、その地位からして容易に近寄ってきた大きな誘惑に余りにも容易に従属した。しかもこのことは、かれらが単純で素朴な人間であればあるほどそうであった。かれらの革命的階級教育およびマルクス主義的基本方向の中に確固たる支柱、およびそのことによって企業家層に対し確固たる本能的敵対性をもたなかったプロレタリアートは、今やかれらにのしかかってきた新しいものすべてによって、過ちをおかし、結局かれらの階級が歩むべき道から逸脱するにいたった。かれらは、しばしばまたその役職の任務を通して日常の労働強制から解放され、その労働者仲間よりも高い者と考えた。かれは官憲および高い地位の人間と交流した、そのしばしば誇示された人好きのよさと労働者仲間意識をもって、かれにほほえみかけ、混乱させた。かれはしばしば非常に対立した人々の近くで活動した、かれには見破ることのできない長の計算された親切さのなかで活動した、かれの教養および合目的的安楽にあってかれに与えられたある社会的領域に入った、かれは結局経済的企業技術的説明の前に立たされた、かれはしばしばそれを理解できず、しかも統制することも出来きなかった、さらに加えて労働者の福祉と企業利益との一致という全く素朴な思想が企業家に有利な意味において前以てかれの判断を決定するということになった。しかし、この思考方法が世界大戦中においてプロレタリア大衆の判断を大規模に誤りに導いた、その時かれらは、結局国内の搾取者の防衛にすぎなかった「故国の経済」の防衛のためにでかけた。これらすべてのことが、共同作用して、しばしば労働者の管理機関に代わって企業審議会から、長の伝達機関すなわち、企業家の企業利益をプロレタリアートの階級利益に対抗して、いまや「デモクラシー」を神聖化した形において、一層確実に運用せしめる機関をつくることになった。企業家と企業審議会は、企業審議会は資本主義的経済秩序の機関であるべきでなく、その克服に協働するための機関であるということの中に基礎づけられているという緊張の中に止まるのでなく、一つの党になった。

しかしながらそれはやはり人間の弱さに関連し、経済的デモクラシーの意味を全く失わせる制度に関連しているのではないといえば言える事情だけではない。さらに重要なことは次のことである。企業審議会の任務の力づよい、自意識にとんだ指導もまたやがて、革命的性格の限界および危険に衝突する、それはまさに資本主義的企業指導が問題であり、社会主義的企業指導ではないという簡単な事実から発生する。うたがいもなく、それは企業に従事している労働者の幸福を決定的に代表する企業審議会の基本的課題にぞくする。しかしながらこのことはまさに次の事を随伴している、すなわち、まさにしばしば、資本家的利益および立場が、その存在および維持の可能性が、壊れることがないこと、まさに利潤獲得の増殖に向けられている生産様式の中で自明なことである如くに維持されているということである。これらの資本家的経済秩序の性格から発生する社会的矛盾および文化的矛盾がすべて企業の狭い領域においてのみくりかえされている。生産改善は企業審議会の同意と、そればかりでなく屡々異議申し立によって拒否される、何故ならば、ほかの場合には労働者は解雇されなければならないからである。衛生上の制度あるいは保護設備は要求されない、何故ならば企業所有者は企業を禁止するといって脅かすからである。予測せざる規定外労働時間が失業の時代にゆるされる。それと共に、独自の労働時間に対する経済的優遇政策の努力、かれらの労働関係を改善しようとする他の労働範疇の努力に全く階級に矛盾する敵対性を作り出す努力が、もしその事によって独自の生産部門の生産条件が困難になれば結びついている。かくて企業審議会もまた、ヒルファーディングの妥当な説明によれば、労働組合が戦前において、行動した路線、「資本主義への適応」の路線に入るのを得策と考えた。唯社会主義によって、それと共にデモクラシーの実現によってなくなった作用はあった。何となれば、労働組合は、この単なる現代労働においてもまた企業家精神から区別され、しかもそれに鋭く対立する組織、それ故に社会主義的イデオロギーを保持することができた組織に止っていながらである。しかしながら、もし企業審義会が、企業利益を階級利益の上におく道を一度歩むならば、企業審議会はかれらの組織の本質を通して生産指導者と労働共同体に入ると考えた。しかもかくしてこのみせかけの経済的デモクラシーの退化に到達した。それは企業愛国主義および部門連帯性の名を以て、非常にうまく特徴づけられており、プロレタリアートの階級連帯性のもっとも悪意のある敵である。かくしてすべてのプロレタリアートが保護関税事業に対する激しい闘争に立ち、同時にしかし、企業審議会の委員が労働者の議員から生産部門に対する例外を要求するということになった。

それはまた、すべての現実的デモクラシーからもっとも遠く離れたものであり、しかもこの企業審議会の保証、やがて、われわれが最初に語った変質に帰着する。そこでは、経済的デモクラシーの言葉は、もっとも小さな経済的特殊利益の追求のためのごまかしにすぎない。

企業審議会の大きな、歴史的課題は、資本家的生産を「民主化」することにあるのではなく、その管理を通して、それを決定的に闘うことにある。プロレタリアの政治的デモクラシーは、かれらが階級国家を克服使用とすることによってのみ、それらを単にデモクラシーにするのではなく、真のデモクラシーの前哨戦になるように、プロレタリアの経済的デモクラシーもまた、それがプロレタリアとして、資本主義経済秩序の克服のための力と能力を作りだすことを可能にならしめることによってのみ、真のデモクラシーを基礎づける手段になることができる。さらにこの必然的な経済的準備過程において、企業審議会は唯一の手段であるのみならず、消費者組合もまた、それらが最初に、社会主義的経済政策および感覚擁護の立場になったならば、大きな意味があるだろう。さらにこれら二つの方向の統一がギルド社会主義の方式にならって、あるいは、オットー・バウワーによって描かれた共同経済企業の方式に立って完成されるか、あるいは、全く別な形式で見出されるかどうかは、われわれの議論にとって決定的なことではない。この場合においていわゆる経済的デモクラシーは、もし同時に「社会主義への道」であるならば、その時にのみ現実的デモクラシーへの道であるだろう。

16……機能的デモクラシー

近時、経済的デモクラシーの概念と並んで、しばしば「機能的」デモクラシーについて語られることがある。これについてもまた、人々は、それは単なる形式的デモクラシーを克服するもっとも適した手段であると考えている。われわれは、確かにそれは現実的にそのようになりうると考える。しかしそれは経済的デモクラシーの可能性と同じ意味において、すなわち、政治的デモクラシーの補完、もしくは改善としてではなく、その止揚としての意味においてである。

機能的なデモクラシーを以て、人は議会制的国家生活の本来的修正を指摘する。そこでは国家的意思形成はもはや単に議会決議によってなされるのではなく、ますます高い程度において、この意思形成の際に大きな経済的利益圏の組織なかんずく労働者および勤労者の利益代表との交渉が求められねばならない。それはすでに戦時中形成された現象である。政府は戦争政策を出来るだけ広範な国民的基礎に置くため、それ故にとくに労働組合および勤労者の組織の希望を一層迎えることにつとめた。とくに、さらにこれらの制度は変革後の最初の時期には明白な特徴をもっていた、しかもある時期現実に全く新しい政治形態を示した。その支配の下で、労働関係および公務員関連事項について、あるいは国民福祉についての法律は、労働者及び勤労者の組織が前以て法律案について質問し、その基本的特色について協調的に設定されたもの以外には、作られなかった。

ところでこの機能的デモクラシーはなんであるか。それらは立法および統治について経済的権力組織が協同するということの中に成立すると理解されてはならない。というのは、それはあの表象の繰返しに帰着するにすぎないからである。その表象によれば、公的権力は、議会と経済的代表体の間に分割されるべきである、したがって経営者組織、農民代表、身分団体、労働者及び勤労者組織は、立法および行政に対し影響力をうるべきであるというものである。われわれは、それと共に、すでに語られたある職業身分的代表の反動的プランに、ある迂回を通して到達するだけのことになる。しかしそれは反対に何か新しい事、革命的な事を意味するという「機能的デモクラシー」という概念の意味ではない。

企業家団体および農民統一体が、国家の立法および行政にある影響力を行使するということは新しいことでは全くない。かれらは以前からそのことを行っていた。しかも、それを機能的デモクラシーあるいはまたそれへの手始めとしてのみ考えることを、いかなる人もしなかった。それに反し、あの利益統一体に現れた「少数派」に対し、「今や労働者及び勤労者の大多数」

が、権力組織を通して共同に決定するだけでなく、国家的意思形成を、かれらの意味および利益において実現する企てを始めたということが、新しくかつ、革命的な事であった。かくして一般にデモクラシーにおける意思形成が多数によってなされるように、機能的デモクラシーの際にもまた決定的なことは、そこにおいて、より大きな社会的利益圏を、国家的デモクラシーの際にもまた決定的なことは、そこにおいて、より大きな社会的利益圏を、国家内に形成する社会的機能が貫徹するということである。それ故に機能的デモクラシーは労働者および勤労者に有利なようにのみ作用するが、しかし勿論、かれらがかかる社会的権力をもつ時にのみ、そこでかれらが、そのことによって、所有者たちの社会的権力を超えた力を獲得し、少なくともかれらの要求を配慮することが容易に強要できる階級勢力の均衡状態が実現する。機能的デモクラシーは、それ故に、決定的に階級意識をもった闘争姿勢およびいずれの時にも飛躍の準備をした階級国家および資本主義に対するプロレタリアの敵対性に対する別の表現である。「機能的」デモクラシーという表現が誤って導かれる、すなはち、今日の社会の内部における機能の調和をつくり出し、このようにして、これから、ある「健全な」組織をつくることが問題であるという風に誤った方向に導くことになるという全く誤った表象とは何の関係もないのである。「機能的」という名称は、ここではむしろ「形式的」に対抗するもの以外の何物も意味しないし、そこでは社会の大きな層の意味および権力が相応に表現されることができない議会制デモクラシーに対抗して、この欠陥を、これらの権力集団の「議会外的政治機能を通して」おきかえられるべきであると言おうとしているのである。それ故にオットー・バウワーもまた非常に正しく「それによって議会制デモクラシーが制限され、正される」ものと表現した。

したがって機能的デモクラシーはその本質からして、政治的デモクラシーと並んで、就中それに抗して、働く国民の組織的権力の呼びかけであり、投入である。それはその全ての性質からして、革命的手段であり、それ故に、これら大衆が革命的に考え、組織的に行動する心構えをもてば、その目的、その「機能」を実現することができる。まさに機能的デモクラシーは、それ故に、政治的デモクラシーの単なる数的な多数、したがって、大抵の批判なきデモクラシーの信奉者に聖なる法則として妥当するものが、社会的権力配分をよりよく配慮することによって修正される手段である。全く明瞭な方法で、労働者の前で行った政治的演説の中でオットー・バウワーは、このことを明らかにした、しかもそのことによって機能的デモクラシーの本来の意味を明瞭にうきぼりにした。「多数決原理は限界をもっている。古いイギリスの議会制、そこでは政府権力は交代し、ある時はホイッグ党、やがてトーリイ党に移行するが、二つの政党は同じ社会階級に、一八世紀には貴族に、一九世紀にはブルジョア層に根ざしている。当時多数決原理は単に、政府権力が常に支配階級内部の集団に配分され、その階級がまさに多数を意のままにしていたということを意味していた。しかも時々の多数はこの多数決原理を誤用することはなかった。かれらは少数者の権利を常に承認した。かれらは二三年のうちに再び少数者になることを知っていたからである」。今日オーストリアにおける多数決原理は全く異なったものを意味している。何故ならば、個々においては「一つもしくは同じ階級の内部における種々の集団の闘争が問題なのでなく、種々の階級の相互の闘争」が問題だからである。多数、それは都市農村における企業家階級の代表である（ここでは反対派は労働者および勤労者大衆を代表する）。多数決原理の無制限な適用は、それ故に今や、企業家階級が無制限に労働者階級を支配すること、それは「階級支配」の状態におかれている、それはわれわれ共和国を一つの純粋にブルジョア共和国に転化していることを意味している。それ故にわれわれはこのような状態の下、多数決原理の無制限な適用に抗して、自らを防衛しなければならない。少数者の多数者および政府に対する強力な適用およびより強力な影響力をめぐるたたかいは、国家内におけるブルジョアの階級支配に対する闘争、つまり、働く国民の広範な大衆のための闘争、ブルジョアの「政党利益」の無制限な支配に対する闘争である。

それ故、したがって「機能的デモクラシー」は、正しく理解されるなら、何ら平和的概念でも、政治的平和主義でも、革命的プロレタリアの階級闘争の武装解除ではなくて、反対に、階級闘争そのものである、只今日では、完全なデモクラシー、社会的デモクラシーをめぐる闘争は、政治的デモクラシーの形態とは結びついていないが、しかもそれは後者を破壊しているにしてもデモクラシーであるという特種な浮き彫りと尖鋭化を伴っているだけである。なんとなれば、したがって働く国民大衆が、デモクラシーを救済するために直接的な「国家機能」の下に入るとすれば、根本において、最後の最も強い機能的デモクラシーの議論は「街頭の議論」

だからである。機能的デモクラシーの、「最後の」歴史的に要請された機能は社会的革命である、しかし、その目下の革命はそれを精神的物質的に準備することである。

17……社会的デモクラシーと社会主義的教育

デモクラシー概念と形態についてのわれわれの論議は、種々の側面からみて、出発点として次のような認識を前提としてきた。烈しく論議されてきたこの問題領域にみられるすべての矛盾と不明確さは、政治的デモクラシーと社会的デモクラシーとの間の基本的なちがいが明らかにされていないか、あるいは区別されたにしても徹底して維持されていないということから生ずるものであるということである。しかも、こういうことがなされない根本的理由は、しばしば起こることであるが、理解が不十分であるということだけにあるのでなくて、この違いは「常に理論的なものだけでなく」政党的立場を超えた「ある立場をとること」を含んでいるということである。それは結局現在の国家秩序と社会秩序に賛成か反対かの立場を意味する。

何故ならばわれわれが考察したように、政治的デモクラシーとは、決してデモクラシーの概念を完成するものではなくて、真のデモクラシーは階級なき社会においてのみ可能なものであるから、この区別をすることは本来社会主義に賛成か反対かを決定しなければならないということを意味するものだからである。このことは、ブルジョア的思考様式や感情様式の中でデモクラシーを理論的に明らかにすることは、知的集団の中にあっても、その糸口をつくることすら非常に難しい理由でもある。同じことはマルクス主義の国家論にもあてはまる。マルクスは、若き日に、革命的哲学について、次のように書いている。「個々の人が革命的哲学を理解しないで、哲学的消化不良で死ぬとき、それは哲学に反対なことを示すだけでなく、ボイラーが爆発して乗客を吹きとばすときのメカニズムに反対することを意味するのである」。

したがって政治的デモクラシーと社会的デモクラシーとの間の違いは、決して単なる政治的なものではなくて、二つの社会形態、二つの世界、すなわち非連帯的抑圧という「古い」世界と、連帯と自由という「新しい」世界の間の違いである。しかもこの事実からみて、階級的利害関係から、あるいは個人的な関心から、社会的デモクラシー実現のための闘いに賛成するすべての人にとって、次の結果が引き出されることになる。すなわちそれと同時に将来の社会的改造が指摘されるだけでなくて、「かれ自身の精神的態様をすでに今日において改造する必要性」、ブルジョア的思考様式と感情様式からの完全な奪却、古い世界観と感情からの徹底的な断絶が指摘されるということである。この要求は、またとくに「政治家」に向けられることになる。デモクラシーの意義を正しく理解することは、社会主義的政治家に「新しい人間」であることを求めるものである。そのような意味合いがなければ、社会主義社会は準備されないし、いわんや実現されることはありえない。

ブルジョア的政治家は、全く政治的デモクラシーの中で生活している。かれの場合には、社会そのものは、その形態の背後に見えなくなってしまっている。政府の姿勢、政府と政党の様々な関係、議会自体の中での政党の形態、クラブの中での、またさらに時には「高楼」の回廊の中での出来事、もっとも重要な新聞の論説、これらすべてがかれらの固有の世界である。それをこえては、かれら自身の利益団体かれらの政党はかれらにとっては「選挙民」の形でのみ存在する。人々は、その選挙民を獲得するために、選挙の時には烈しく争うが、しかし選挙民はそれ以外政治に影響力をもたないし、またもってはならないのである。何故ならこのことをするために代議士がいるからである。

このようにして、ブルジョアデモクラシーはもともと組織的にみて極めて問題に富んだものである。それは、人々が正当にも強調しているように一度だけ、すなわち議会の選挙のときに行動するにすぎないものである。しかしながら――しかもそのことはブルジョア政治にとって非常に特徴的なことであるが――この選挙民は、基本的には、それ以上の関心をもたないのである。何故ならばブルジョア政治の基本的課題は所有する階級の特殊利益を実現し維持することにあるからである。所有階級は資本家的、農民的、あるいは小市民的といった種々のものでありうるが、しかもそのすべては、政治を、かれらの事業が妨害されず、かつよりよく実現されるために必要な規制の体系と考える点で一致しているのである。

それ故に、まさに政治と事業の分業がなされるのである。その場合当然政治は事業にならざるを得ないのである。政治——それは、企業家・銀行家・事業を営むもの・商人にとって、各人にとって極めて必要なものである、然しかれらはそのための「時間をもたない」、それは、そのために採用され、かれらによって選ばれたものの、仕事である。それ故にこれらの人々は、その固有の業務を行うが、その場合かれらの集団の利益を代弁することは、かれらの固有の権力地位をうらづける手段であるにすぎない。それ故に大臣という安楽椅子を求めて努力することが、もっとも情熱的な関心事であり、まさに政治の魂である。政府に加わること、まさに政治の魂である。政府に加わること、あるいはさらに所属する政党によってより独占的に政治を行うこと、それは、ここでは、一般的な社会的性格という意味をもつのではなく、自分の特殊な利益のために完全に利用することにすぎないのである。

このような地盤の上で、政治は、政党の戦いという戦術に転化する。しかも、その戦闘力は、かれらの理念内容にもとづくどころか、むしろかれらの指導者の戦術にもとづくことになる。古くから伝わる偏見と現代社会の現世的利益に完全に没頭し、しかも他の人々を抑圧・搾取する戦いでの優位だけを考えて、これらの政治家たちは、その多くの人々が現代的・民主的に完成されていようとも、社会秩序の古い体制を連帯性によってではなく力によっていつもくりかえし新しくしようとしている古い人間なのである。

それに反して連帯によって社会秩序をかえるということが、真に民主主義的な、言い換えると、われわれが今や認識しているように、この社会の古い生活形態を根本から除去しなければならないという社会主義的政治の意味がある。この要求は極めてさし迫ったことなので、それだけに社会主義的政治は、その本来の性格からはなれようとする環境の中で動かざるを得ない。日常闘争、とくに議会という仕組みの中で、社会主義的政治がブルジョア的政治の魂のない力学に感染させられるという多くの危険がもたらされることになる。社会主義的政治が、時には、しかも大きくこの危険にさらされるということ、さらにまたその中に、革命的プロレタリアートの社会的大衆的力の生き生きとした協調の場に代わって、議会主義的戦術およびクラブ政治の狭い関心が入り込むこと、そうしてそれ自身が致命的な反作用の中で弱まり、どうでもいいものにならざるを得ないということ、これらは、国際社会主義の今日の危機が現れている多くの堕落現象の一つにすぎない。

それらを克服するためには「人々の気質を単なる形式的デモクラシーのイデオロギーから抜け出させる」ことが、もっとも重要で不可避的な手段である。そのことによって、政治を単なる議会主義的体制の形式や偶然性の中でのみ可能であると考え、その他すべてのものを「非民主的」権力とみなす狭い視界はうち砕かれるのである。むしろこのようにして社会的歴史的視界のすべての広がりが開かれるのである。それは民主的関心の中点に国家内の権力への「参加」のみならず、国家に対する、言い換えると階級社会に対するこの権力の「強奪」を設定するのである。

社会主義的政治家、まさに現実を考える政治家――つまりその人にとっては社会主義が現実になるべきであり、単なる御祭りの思想でない人――の関心の重点は、今や現在から未来に向かっているのである。このことが新しくて、すべての本質を貫いて流れるところの、決して断念することのない性向をつくるのである。そのことによってすべての個々の政治問題に対する態度、すべての日常問題に対する特殊な態度、いいかえると社会の変革への関連を保つのである。そうでない場合明白なプロレタリア的階級意識を混乱させざるをえない行動を取るに違いないところ、まさにそのところにおいてそこからやがてまた大衆に対する全く別な指導がうまれることになる。

このようにして、たとえば、人々がブルジョア世界の「民主的」で平和的な幻想をもちながら、国民同盟に加盟し、この制度を支持するかどうか、あるいは、また資本主義世界の体制の中での諸国民同盟政策の内部的矛盾および不可能性を提示するのかは、全く別なことである。資本主義世界にあって行動できるのは「諸国家」結合であり、「諸国民」同盟ではありえないのであり、さらにこれらの組織を管理し、それらを、諸国民同盟支配者の軍国主義および帝国主義に反対する宣伝手段に利用するために、この制度が無価値であり、そればかりでなく危険であることをはっきり自覚しながら加入するのである。

その第一の政策は、「プロレタリア」の代表が国民同盟の中にいたとしても、プロレタリアの幻想化、弱体化に通ずることである。何故ならば、プロレタリアートは国民同盟の内部的敵対者ではなくて、それらを「改善」し民主化しようとはするけれど、かれらは、国家の政府だけが常に基準となり、国民共同体は基準とはならないという立場を固持するからである。国民同盟の中では、かれらは「国」の代表者ではなく、また「かれら」のプロレタリアートの代表者ではなく、むしろプロレタリアート階級一般の代表者と感ずるところの社会主義的代表者だけが、国際的社会主義の精神であり、真の国民同盟、真のデモクラシーに通じうるところの精神に満たされるといってよい。かくして、この意味いみにおいて政治は最早少数の選ばれたものの特殊な職業ではなくて、現存の秩序を、新しいより高い秩序に導くために働くすべての人々の普遍的な職業になるのである。

それは言葉のもっとも美しい意味において、大衆決定、大衆エネルギーになる。それ故に革命的社会主義的政治において、重点はもはや議会主義の中に、あるいは派閥政治の中に求められるのではなく、全プロレタリア階級の直接的目的意識的行動の中に求められるのである。目標としての社会的デモクラシーは、すでに今日において社会民主的政党そのものの中に常に現実的なデモクラシーを要求するのである。社会主義的政治の決議は、つねに、党のもっとも下級の組織的統一体の、直接的共同作業、造詣の深い参加と批判によってなされるべきである。政党問題とその解決のための手段についての絶え間ない論議の中で、議会およびクラブから組織および集会へ立場を置き換えることによって、始めて真に新しい民主主義的精神が生まれるのである。その精神が「かれら」すなわち選ばれた者を作るのではなくて、すべての人々がかれらの人物をつくることができるし、またそうしなければならない。このようにしてこの点において政治は指導者と党の共通な仕事になり、それはわれわれの将来が闘いとるものとしての われわれ自身の「教育」である。

マルクス主義的社会主義は、人間を新しくすることを、ひとりで自立し、しかもわれわれに対峙する道徳的要求として提示するのでなく、古いものが、プロレタリアートの階級精神から、歴史的に、解明される過程の中で完成するということを示したことが、マルクス主義的社会主義の偉大な点である。それ故若きマルクスはすでに次のように書いた。「プロレタリアートは非常によく知っている。かれらは変化した事情の下においてのみ、古いものであることをやめる」。しかもそれ故にかれらはこの事情を「最初の機会に変更しよう」と決断した。革命的行為において自己変革は対象的事実の変化と一致している。社会民主党は人間の外的生活形態をもっとも根底的に変更することである。それ故そのための戦いは、今日の人間を根底的に自己変化させることを意味する。

解　説

はじめに

二、三十年前から、オーストリア、イギリス、ドイツなどの学者によってアウストロ・マルキシズムの研究が盛んになっている。特に第二次世界大戦以後に生まれた学者たちによるもので、その数は次第に増加している。その中の一人、Alfred Pfabigan は、その著書「Max Adler」（一九八二年）の序文の中で次のように書いている。「西ヨーロッパの社会民主党の左派に、個々のヨーロッパ共産党に、我々は今日アウストロ・マルキシズムのルネサンスを体験している。アウストロ・マルキシズムは良いイメージを持っている。その積極的自画像は多くの著者の討論進行の中で、それはオーストリアの現代史の論議によって負荷なく論議され好意をもって受け入れられている。これらの自画像によればアウストロ・マルキシズムはマルクス・エンゲルスの科学的革命思想の正統な後継者であり、かれらはそれらを創造的に西欧関係に適応している。アウスト・マルキシズムはその成果を約束した。それは左と右の競争者にその挫折を予言した。今やアウストロ・マルキシズム自身が挫折した。しかしその約束の牽引力はこの挫折を超えて生きている」。

西欧においてこのような「マルクス主義の復権」といった状況が語られているが、日本においてはこのような状況はみられない。かつてあれほどマルクス・エンゲルスの文献が読まれた国にもかかわらずである。特に政治理論においてその感を深くする。

ここで翻訳するのはマックス・アドラー（Max Adler）の書物である。私のみる限り、近代国家の組織原理をマルクス主義の原則に基づきながら解明しようとした数少ない学者の一人といっていい。改めて現代を考えることが必要な時代に来ていると考える。

原著の背景を理解するために、先にアウストロ・マルキシズムについて、次いで著者マックス・アドラーについて解説を加えることにする。解説にあたり若干重なるところがあるが、論旨上容赦されたい。

1　アウストロ・マルキシズム（Austromarxismus）について

アウストロ・マルキシズムという呼称は、アメリカの社会主義者ボーダン（Luis Bodin）によって、第一次世界大戦の始まる二、三年前に付けられた言葉であるといわれている。その表現が、会話風であり、しかもイギリス風の用語である所以である。その後かれはヨーロッパに渡り社会主義理論家と接触することになった。この命名には、オーストリア社会主義に対する共感と友情が示されているといってよい。かれは晩年「今世紀の最初の十年間は、忘れられない時代であり（社会主義の）黄金時代であったと考えている」と述べている。

ところでこのボーダンの命名した言葉は急速に普及することになった。しかし普及する中でこのアウストロ・マルキシズムという言葉は次第に変容を加えられることになった。そこでその全体像を知るために最初に時代区分に触れ、その後でそれらについて解説を加えることにする。

第一（期）の意味は「マルキシズムの内部に発展したより狭い集団」及びその営みのことである。ボーダンが命名したのはこの集団に対してである。その点でアウストロ・マルキシズムの本来の意味はここにあるといっていい。第二（期）の意味はアウストロ・マルキシストと言われた人々が、国際社会主義運動の中で、特異なグループを構成するようになってから、このグループを指すものとしての意味である。ここでは知的集団に対するものではなく、政治運動に対して使われるものになったといっていい。第三（期）の意味は、全くマイナスのイメージで理解されるものである。「対立を現実に克服し和解させる」というその役割は、「政治的現実の単なる隠蔽」に過ぎないものであるといわれた時代である。

アウストロ・マルキシズム発生の事情

オーストリアにおける労働運動は一八四八年の革命の中で登場した。しかし政府の弾圧の中で労働運動は分裂を重ねた。一八八九年ハインヘルドにおいてオーストリアにおける労働運動の各分派が統一し、社会民主（労働）党が登場した。この統一のための大会は一八八八年一二月三一日から翌年の一月一日まで開催され、統一のための宣言文書はヴィクトール・アドラー（Viktor Adler）が書き、カール・カワツキー（Karl Kautsky）が修正したものである。この統一大会以後オーストリア社会民主（労働）党の中心になったのはV・アドラーである。この統一大会以後、消費組合・労働運動・社会民主（労働）党が急速に成長し、政治的・知的生活に強い影響力を持つにいたった。一八九〇年のメーデーは二十万人の人を集め、当時の若い人々に新しい時代の到来を印象づけた。それに続く数年の間に学生団体が作られた。その最初ののが Der Heilige Leopold（聖者レオポルド）である。この名称は、初めのころ会合場所に利用したウィーンの酒場の名から取ったものである。これにはカール・レンナー（Karl Renner）が、少し遅れてマックス・アドラー（Max Adler）、ルドルフ・ヒルファーディング（Rudolf Hilferdingl）が所属していた。この団体は後にVeritas（ヴェリタス）という他の団体と合体した。ヴェリタスは周知の如くラテン語で真理を意味し、その団体は若い大学教師の集まりであった。この後一八九五年に社会主義学生教師自由連合（Freie Vereinigung Sozialistisher Studenten und Akademiker）が生まれた。M・アドラーが座長であった。この団体は後にアウストロ・マルキシトといわれる人々の代表的思想家が互いに関連をもち、それぞれの思想を展開する場所となった、しかしこの段階で、アウストロ・マルキシズムと呼ばれるような学派が形成されていた訳ではない。

このような集会に集まったウィーン大学の若き学徒に影響を与えた人物が二人いる。一人はカール・グリュンベルグ（Carl Grunberg）であり、もう一人はアントニオ・ラブリオーラ（Antonio Labriora）である。共に「マルクス派教授」といわれた人である。

新しい思想学派の登場を示す最初の指標は一九〇四年の「マルクス研究」（Marx Studien）の発行にある。これは「科学的社会主義の理論と政治のための叢書」であり、M・アドラーとR・ヒルファーディングの編集にかかわるものであった。一九〇四年から一九二三年までに不定期に五巻の書物が刊行された。ちなみに、一九〇四年に発行された第一巻の内容は次のごときものである。編者による序文が付された後、次の三篇の論文が掲載された。R・ヒルファーディング「ベーム＝バベルクのマルクス批判」、K・レンナー「法的制度の社会的機能」、M・

アドラー「科学をめぐる論争における因果論と目的論」である。第二巻は一九〇七年、第三巻は一九一〇年、第四巻は一九一八年、第五巻は一九二三年の刊行である。アウストロ・マルキストによる初期の主要な作品はこの叢書によって公刊されたといってよい。

さらにこれらの思想を形象化することになったのは新しい理論雑誌「Der Kampf（闘い）」の発刊である。一九〇七年「社会民主党月刊誌」として発行された。第一巻から第二七巻までウィーンで、新版の第一巻から第七巻まではプラーグで刊行された。アウストロ・マルキストの主要メンバーが寄稿したばかりでなく、トロツキー、リャザノフ、ノイラート、ブラウンタールなども寄稿した。この新雑誌はK・カウツキーの編集した「Die Neue Zeit」に対峙することになった。

以上、主としてウィーンにおける一群のマルキストの誕生の社会的背景を考察したが、さらにこれらのマルキストを生みだした知的背景がある。それは次のごときものである。

一つは経済の限界効用学派の存在である。特にその中心メンバーはC・メンガー（Carl Menger、一八四〇－一九二一年）、E・ベーム＝バベルク（Eugen Bohm Bawerk）、F・V・ウィーザー（Friedrich von Wiser、一八五一－一九二六年）である。いずれもウィーン大学で教鞭をとっていた。かれらはマルクス経済学と全く相いれない理論体系を形づくった。

他のもう一つの知的背景はナショナリズムである。オーストリア＝ハンガリー帝国が存在し得た一つの理由は「君主的封建的中央政府の民族政策とその社会的成果に対する反対」が緩い内部的結合と理論的統一に役立っていたからである、しかしナショナリズムの勃興によって帝国の解体が促されつつある時、オーストリアの社会主義者は、国民もしくはナショナリズムについて一定の見解をもつ必要に迫られていた。

いずれにせよこれらの要因は、社会主義運動内における修正主義の台頭と重なって、それを促進する作用を果たした。これら修正主義との論争、またそれを生み出す個別的要因の解明といったことが、一つの知的雰囲気を形づくることになった。

「二〇世紀の最初の一五年が疑いもなく、アウストロ・マルキシズムの歴史におけるもっとも輝かしき知的時代であった。それはまたこの学派の指導的人物が相互に密接に結合していた時代であった」（T・ボットモア）。正にこの時代の一群の人々にアウストロ・マルキシストあるいはアウストロ・マルキシズムの名が冠せられたのである。

すなわちアウストロ・マルキシズムは「マルキシズムの内部に発展した狭い知的集団である」（O・バウアー）。しかもアウストロ・マルキシズムが「ヨーロッパ・マルキストにおける漠然たる知的傾向以上のものになったのは、偶然にも、多くの有能な思想家たちがウィーン大学、次いで社会主義者クラブに、しかもかれらの連合という形で、すなわちその時代と場所という特殊な環境で集まり、マルクス主義の社会理論についての明白な説明を体系的に行ったことにある」（T・ボットモア）。

特にアウストロ・マルキシストの、代表的人物とされるのは、M・アドラー、K・レンナー、

R・ヒルファーディング、G・エックシュタイン、O・バウワー、F・アドラー等である。

アウストロ・マルキシズムの本質を、社会主義における修正主義に反対する理論運動とみなすなら、すでに述べたように二〇世紀の最初の一五年間だけが対象にされることになる。

ところでO・バウワーがアウストロ・マルキシズムの解体について語ったのは、第一次世界大戦及びその後に続く革命の時期を経て、アウストロ・マルキシズムの中に、左右の対立が生まれ、かつてのようなダイナミズムを失ったことを指している。それは第一次世界大戦以後の現象であるが、もちろんその時期を特定できる訳ではない。O・バウワーによれば戦争と革命の対立の中でアウストロ・マルキストに属した人々が国際社会主義運動の中で、異なったあるいは対立した陣営に属するようになった頃、オーストリア社会民主党そのものを指して使われるようになった。それは戦後の論争の中で一定の傾向を示すための用語として使われ始めたのである。しかもそのような用語が使われたのは、戦争と革命によって、国々の労働者政党が分裂の危機にさらされたにも関わらず、オーストリア社会民主党はともかくも統一を保ち続けたという事実に関連してる。

オーストリア社会民主党は普通選挙をめぐる闘い（一九〇五年一一月以降）の中で確実に勢力を増大した。一九〇七年の選挙で八七人の議員を獲得し、議会内で最大の政党になった。一九一八年オーストリア＝ハンガリー帝国は崩壊し、第一共和国が成立したが、この変革の中で、オーストリア社会民主党は第一級の安定勢力となった。一九一九年三月K・レンナーを首班としＯ・レンナーを外相とする社会主義＝ブルジョア連立内閣が生まれた。これから後一九二九年まで、オーストリア社会民主党は、ブルジョア勢力と連立を組むか、あるいは交代して政権を分かち合うことになった。

オーストリアの政治的中心勢力になった社会民主党は、国際社会主義運動の中で独自の路線を歩むことになった。すなわちオーストリア社会民主党は、「社会愛国主義」を克服する点においてチムマーバルトの人々（一九一五年九月、同所に集まった第三インターナショナル）と同調し、戦争政策に反対したが。他方レーニンのいうレーテ（評議会）制度を拒否することによってボルシェヴィズムと一線を画したのである。また民族問題については、次のように考えていた。インターナショナリズムは民族国家への分化においてではなく、古い帝国の超国家的性格の中に実現すると考えていた。

第一次世界大戦後のオーストリア社会民主党をめぐる政治実践についてアウストロ・マルキシズムの言葉が適応されたが、その意味は、第一期と異なった意味が付けられることになった。レーザは次のように定義している。アウストロ・マルキシズムは「改革主義とボルシェヴィキの間に立ち、この中間的地位を理論的に固定化しようとした政治集団」である。

この定義の際強調されたのは、オーストリア的ということであり、マルキシズムは国民的に発現形態をことにするという認識がある。Ｏ・バウワーは、自己規定として、次のように語っている。「今日のアウストロ・マルキシズムは、統一の産物として、統一を維持するための力として、労働運動の統一のイデオロギー以外のなにものでもない」。戦争と革命の中でヨーロッパの社会主義政党の多くはその中に対立を生み、かつ分裂した。しかしオーストリア社会民主党は、その中に対立を含むことがあっても分裂することはなかった。O・バウワーは、これを「真面目な現実政策と革命的情熱が一つの精神の中に統合されたものであり、社会主義への理想主義的情熱と労働者階級の現実主義的感覚との結合であり、もし欲するなら、この結合がアウストロ・マルキシズムである」と説明している。

アウストロ・マルキシズムの第三の意味はオーストリア社会民主党に対する左右の批判の中からつくられた。其の批判は先ず左から出され、次いで右の側からだされた。

左からの、この場合ロシア共産党からの批判は、第二インターナショナルの指導者たち、すなわちヨーロッパ社会民主党の中央派に対するレーニンの批判は一九一四年以来なされていた。アウストロ・マルキシズムを「言葉と行動の矛盾」と批評し、「二つの椅子に座ることは、言葉では困難ではないが、革命闘争の炎の中では、和解しがたきものを和解させようとする人々は立ち往生することになる」と酷評した。右からの批判はより遅くだされた。一九二七年七月一五日事件（一六二頁参照）に対し社会民主党指導部は中立を装ったが、かえって右からの批判をつよくさせた。オーストリア社会民主党はプロレタリア権力および独裁への意思をかくしもっていたのではないかという危惧である。

左右の批判の中に示される他者より与えられたステレオタイプは、その内容において全く相反するものであるが、次の点において同一である。それは、アウストロ・マルキシズムの特性とされてきたもの、すなわち、「アウストロ・マルキスト思想家の理論的営みおよび時代の大きな問題に対する取り組みを通して打ち出された媒介および総合という傾向は、単なる見せかけであり、誤った傾向であると暴露する」ことである。

ヨーロッパの中心に位置し、労働運動に大きな影響力をもったオーストリア社会民主党は時代の中で様々に批評されたが、それにも拘わらずなお指導力をもち続けた。だがその政党も一九二七年七月一五日を境に没落の道をたどった。オーストリア没落までなお一〇年の歳月があったが、ナチス政権の登場とともに、オーストリア社会民主党員は亡命もしくは非合法活動を余儀なくされた。一九三八年O・バウワーの死と共に党の統一は終わったとされる。

2　マックス・アドラー（Max Adler）について

M・アドラーが中心人物の一人であったアウストロ・マルキシズムについておおよその解説を行ったが、ここでは視点をM・アドラーにおいて解説する事にする。大雑把にいえば、すでに触れたように、アウストロ・マルキシズムは政治集団ではないし、そのような政治団体があるわけではない。勿論そこに名を出された人々が個々に政治運動をすることはあっても、その名を冠した団体があって活動したことはない。したがってその思想集団と目される人々が政治活動をすることは自由であり、その政治的役割は多様である、それ故統一的にその政治活動に触れることはできない。

その点について、M・アドラーについて語るならば、政治活動をすることはあったが、必ずしも多くなかったといっていい。政治家というよりは、思想家であったことにかれの真の面目があったといっていい。ときにかれの思想体系をアドラーイズムと呼称する人もあったゆえんである。

アドラーの政治的活動は必ずしも多くはないこともあって、かれについて書かれた伝記は極めて乏しい。ただ一つの浩瀚な伝記が第二次世界大戦後の一九八一年に書かれている。作者はヘーゲリンであるが、一般にいわれる伝記というよりも、アドラーの思想史といってよい。

以下に資料の乏しいかれの個人的経歴に触れつつ論を進める。

M・アドラーは一八七三年ウィーンに生まれた。ユダヤ系の家庭である。一八四八年の革命に感動したといわれる。ウィーン大学で法学を学ぶ。すでに触れたように一八九五年社会主義学生教師連合の会長になったといわれる。学生時代より社会主義に関心をもっていたことは間違いない。ヘーゲリンは語る。アドラーは一九〇一年から一九一四年にかけて、観察者・解説者・新聞記者として働いていたという。

一九〇九年アルグリン・ジェニー・ヘルグ・マークと結婚した。翌一〇年に娘ローレが生まれた。彼女は後にロンドンで生活した。一三年にロブセルトが生まれた。かれは後にアメリカで物理学者として生活した。

アドラーは一九一九年ウィーン大学で員外教授の称号をもらった。その後政治的事件に関わったが称号は剥奪されることはなかった。

アドラーの政治的立場

アドラーの社会民主党内における政治的影響力は大きくない。しかし第一次世界大戦以降は異なっていると語られている。一九一八年以降のかれは、社会民主党内にあって左派社会主義の代弁者と考えられたし、かれもその自覚に立って行動したからである。伯父のF・アドラーは、かれのことを党内の「アンファン　テリブル」といった。一九〇一年すでにかれは修正主義の反対者であった。党大会で綱領から「広範な国民大衆の貧困の増大」という一文の削除が問題になった時、かれがそれに反対し、波紋を起こしたことが、後のちまで語られている。第一次大戦後しばらく雌伏していたアドラーは再び言論界に復帰することになった。一九一八年から一九年にかけて、自ら「左派社会主義の代弁者」を任じ、積極的に党内の論議に参加しはじめた。ただし政策を形づくる「実践的」領域にはあまり関係しなかったが、人びとからアウストロ・マルキシストの革命的一翼の代表者とみられていた。その後の一般的結果からみると、かれはO・バウワーに親近観をもち、K・レンナーに機会あるごとに対決した。アドラーからみて、バウワーは革命的グループに近く、レンナーはマルクス主義の原理原則を逸脱していると考えたからである。一九二〇年バウワーは「ボルシェヴィキか社会民主主義か」という本を書き、それにもとずく政策を党理事会に提出して了承され、アドラーも承認した。一九一九年二月革命後の新政権でとられた党の政策にアドラーも反対していない。

なお当時問題になったいくつかの点に触れておく。

共産党設立の問題である。かれは社会民主党左派に国際的基盤で活躍する能力を認めていたので、共産党の設立は「混乱の党」を設立するものとみなした。長い間かれは社会民主主義と共産党の違いを否定して、社会民主党を「共産党宣言」の意味における共産党であるとみなしていた。ロシア革命についてであるが、かれは情熱的に見守ったが、後にかれは、ロシアは遅れた国であり、その後革命はプッチ的性格をもちテロリズムに転化し、最終的に少数者のプロレタリアートによる独裁をもたらしたと考えた。

一九一八年一月に労働者兵士評議会（レーテ、ロシア語でソビエト）がつくられ、その運動が大きな影響力をもった。

アドラーは当初必ずしも賛成でなかったが、後にアウストロ・マルキシストの中で唯一の支持者といわれた。一九一九年に「民主主義と評議会制度」を書いて以来、Alle Macht den Arbeiterraten（全ての権力を労働者評議会へ）を打ち出し、その確立整備につとめた。その考えは次のようなものである。「資本主義的生産関係が確立しているところでは、純粋の政治闘争では階級対立を除去出来ない。現実の国民支配はブルジョア権力を克服し、社会民主主義を確立して初めて可能になる」というものである。プロレタリア独裁は少数者独裁と理解されるのではなく、「すべての労働者階級、農民の大多数、インテリ、社会主義に賛成の中間層を含む全国民の階層による独裁である」。ここに労働者評議会の意味があると考えたからである。一九一九年六月労働者評議会は社会民主党の政策を支持した。しかし実際の労働者評議会はアドラーの考えるように運用されなかった。アドラーは憲法を改正して労働者評議会の格上げを計画したが成功しなかった。評議会は永続的憲法機関でなく革命的闘争形態と考えられていた。

その後の綱領との関係

なおここでその後における党の綱領とかれの立場にふれておく。いずれも左派社会主義者として登場するものである。

先ず一九二六年の綱領についてである。

この時かれは綱領委員一二人の一人であった。かれはその思想をこの綱領に定着させようとして努力した。独裁と民主主義が中心議題になった。アドラーは独裁と民主主義の統一性を主張したが結局賛同がえられず、かえって党内で孤立することになった。

一九二七年の党大会について、ここでは二月一五日の事件が大きく討論された。その経過は次のようなものである。一九二三年に共和国防衛同盟という労働者の軍隊がつくられた。一九二六年に党の正式な組織になった。これに対抗して地方に郷土防衛隊がつくられた。両者が次第に対抗し合うようになった。一九二七年一月小村シャッナンドルフで両者が衝突し社会民主党系統の少年が射殺された。同年七月一四日の裁判で、容疑者の全員が無罪になった。労働者がストライキにはいり、司法省が放火されるということになった。この時整理に当たった警官が無差別発砲をして、八九人の死者、一〇〇〇人近い負傷者がでた。

一九二七年の党大会ではこの事件が大きく討論された。大会前に雑誌「Kampf」に党執行部を免責する論文があらわれた。アドラーはこれについて論文を書いたがどこにもとりあげられなかった。さらに七月一五日の事件につき参加者の規律違反がとわれた。執行部のK・レンナーが規律違反を問い、多くの党員が賛成し、左派社会主義者アドラーの意見は採用されなかった。

来るべき党大会で代議員にえらばれなかった。オーストリアにおけるかれの政治的孤立がはじまった。

その後におけるかれの政治的出版活動の大部分はドイツ左派反対派と狭く結びついていた。かれは「klassen kampf」誌の共同出版者であり、青年社会主義者社の出版物の共同責任者であり「die Roten Bucher」の共同責任者であった。一九三一年Seydewitz Rosenfeldが排除された、独自の党SAPD社会主義者労働党（ドイツ）をつくった時それに近い立場をとった。この後国家社会主義の漸次的台頭、およびドイツ社会民主党の闘争なき撤退の時期、アドラーはより急進化した。

一九二九年ドルフス内閣が成立したが、内乱が続き、結局オーストリアは独裁の道を歩むことになった。

アドラーの学問的業績ついて

アドラーがウィーンにおいて社会民主党と最初の接触があったのは一八九〇年代に入ってからである。一八九三年以来ウィーン社会民主党の学生組織の一員になった。「聖なるレオポルド」に参加したのである。このころからK・レンナーとの交友がはじまった。「社会学生自由団体」がつくられた時アドラーは最初の議長になった。この最初の政治的参加の試みと同時に社会主義運動の理論と実践のため論文をかいた。このころ書いた論文以後は、しばらく執筆活動をしていない。

かれを理論家として有名ならしめ、かつアウストロ・マルキシストの一人として登場する契機となったのが一九〇四年マルクス研究第一号に発表された「科学をめぐる論争における因果論と目的論」である。これはかれが最初に書いた論文である。これ以降必要に応じマルクス主義に関連する膨大な論文をかいた。これらすべてを紹介することは不可能である。

しかしかれの生涯の全体をみるとき、かれの創造的学門部門は二つにわかれると思う。一つは社会科学における認識論分野のものと、二つはマルクス主義に立脚した政治学の分野である。ここで翻訳したものはその第二の分野のものである。私がみるところ二つの分野には関連があると思われるが、後にその点は余り取り上げられていない。認識批判論が学問の対象から後退したことが大きな理由と思われる。アドラーにとってはそれが生涯の課題の一つであったことは、かれが一九三一年に「Rätzel der Gesellschafts（社会の謎）」を刊行していることをみてもわかることである。

一の面の学門内容はほとんど紹介されていないので、ここに簡単に触れておく。

「使用されている諸概念を批判して、その概念の担っている非明確性あるいは二義性を排除して、それが担いうる唯一の概念の内容をあきらかにすること」が、アドラーの批判的方法である。勿論この場合の批判は、無定形に恣意的に無限に批判を繰り返すという意味ではない。種々様々に解される科学的諸概念の底にある共通の条件を固定し、しかもそれの唯一可能な成立の定点を彫塑化することが、かれの認識批判論的業績であった。結論を先に言うならば、「意識一般の可能性を明らかにし、意識一般の社会的に先見的な性格（das Soziale Apriori）を自覚することが、かれの中心の仕事であった」。かれの認識批判論は必ずしも受け入れられていないが、すでにふれたように。認識批判というテーマ自体が二〇世紀に入り学問的対象から脱落したことと関連があると思われる。

アドラーの政治学関係論文

かれが政治学に関する論文を書き始めたのは、革命後の政治体制をどのようにすべきかを考えたからである。マルクス主義者は、マルクス主義そのものが革命の理論であり、政治の理論であるという前提にたち、政治が営まれる構造について精緻な理論を組み立てることをしなかったといっていい。せいぜい民主主義か独裁かがテーマになった。しかも国家死滅論が究極のテーマになり政治の構造に論議を進める学者は少なかった。このような中でアドラーが二つの論文を書いているのは稀有なことである。

アドラーの学説

かれの政治学に関する論文執筆の契機は革命後の政治体制をどのようにすべきかに関するものであったことはすでにふれたところである。と同時に僚友のH・ケルゼンに刺激されたところもある。H・ケルゼンは一八八一年ウィーンに生まれた。ウィーン大学法学部を卒業後ハイデルベルグ大学で教授資格をとった。ウィーン大学の教授になり純粋法学で名声をえたところから、友人であるアドラーの職の世話もした。革命後のオーストリア共和国の憲法作成にあたったが、一九二〇年アメリカに亡命した。一九二二年に「社会主義と国家」を書きマルクス主義を批判した。アドラーは直接名指ししていないが、これにこたえて同年に「マルクス主義の国家観」を、ついで一九二六年に「政治的デモクラシーか社会的デモクラシーか」を書いた。後者がここに翻訳した書物である。この書物は革命後のオーストリアの政治体制をどのようにすべきかについてかいたものである。なお革命後のウィーン市では新しい文化政策をとり「新しい人間」政策と名づけたが、それはアドラーの書物から採用したものである。

ケルゼンは「社会主義と国家」によって、マルクス主義国家論について烈しい批判を行った。アドラーは二つの理由からケルゼンの理論に対応した。

一つは、ケルゼンはアドラーと同じように新カント派の立場に立って論理を展開しているにも関わらず、論旨に大きな違いがあること、二つはケルゼンのマルクス主義批判は社会民主党内部の一部の勢力、特にカール・レンナーと同調していることを感じたからである。

このような直接の事情があったにせよ、大きく言えば、新しい局面に立って政治理論を立て直す必要があったからといってよい。

ケルゼンの理論では、国家は法的秩序と合体した強制組織であり、住民の社会的問題を解決するために設定された手段であり、中立的なものである、絶えず変化する国家行為の内容は、国家の本質とは基本的に関連はない。この立場からケルゼンはマルクス主義の二つの基本的理論に対抗した。一つは国家の階級的性格について、二つは社会の基本にある階級分裂の止揚による国家死滅の可能性についてである。ケルゼンは国家の無政府的性格を考えることに反対した。社会主義が国家との関係において陥っているジレンマから脱出する道は二つある。一つは国家肯定の理論を新しく設定すること、二つは国家の形成原理として資本主義から社会主義への移行を可能ならしむるものと考える。

ここに翻訳したアドラーの本は、以上のようなケルゼンの見解に対して根本的に対決するものである。論旨は極めて多様にかつ広範にわたるものであるが、ここに描出することはしない。直接読んで読者自身が論争に参加してもらいたい。なお本訳書では、以下の二つの措置をとった。一つは注の問題である。原書には膨大な注が付されているが、煩雑をさけるために割愛した。課題は何よりも先ず本書の趣旨を理解してもらいたいからである。また本文には極めて多数の人名が登場しているが、注を付けることは一切さけた。これも煩雑をさけるためであり、了解されたい。なお詳しくは次の論文をみられたい。

小山博也「アウストロ・マルキシズムとM・アドラー（1）」埼玉大学社会科学論集第四三号、一九七九年
小山博也「マックス・アドラーの認識批判論と其の政治学（1）」埼玉大学社会科学論集二一号、一九五八年

訳者略歴
小山博也（おやま・ひろなり）
職歴
1945（昭和 20）年山形高等学校文科乙類卒業
1948（昭和 23）年 3 月東京大学法学部政治学科卒業
1948（昭和 23）年 4 月東京大学社会科学研究所助手
1953（昭和 28）年 9 月埼玉大学文理学部助教授
1967（昭和 42）年 4 月埼玉大学経済学部教授
1979（昭和 54）年 7 月埼玉大学経済学部部長
1991（平成 3）年山梨学院大学法学部教授
1997（平成 9）年 3 月退職
著書
『明治政党組織論』（東洋経済新報社、1967 年）
『埼玉県政と知事の歴史的研究』（新興出版社、1996 年）
『埼玉県政治史断章』（埼玉新聞社、1999 年）
共著
『日本資本主義と法の発展』第 2 巻（勁草書房、1958 年）
『日本政治の実力者たち』第 2 巻（有斐閣、1980 年）
『日本の内閣』〈1〉（新評論、1981 年）
翻訳
C・フリードリッヒ『現代政治』（理想社、1964 年）
A・ロス『日本のジレンマ』（新興出版社、1971 年）
T・ボットモア『政治社会学入門』（新評論、1982 年）
他多数

政治的デモクラシーか社会的デモクラシーか

2013 年 8 月 20 日　　初版第 1 刷発行

著　者　　マックス・アドラー
訳　者　　小山博也
発行者　　高井　隆
発行所　　株式会社同時代社
〒 101-0065　東京都千代田区西神田 2-7-6
電話 03(3261)3149　FAX 03(3261)3237
組版／装幀　　閏月社
印刷　　モリモト印刷株式会社

ISBN978-4-88683-750-9